미래를 꿈꾸는
스마트학교
디자인북

u-School / Fun School / Eco-Friendly School
Connected School / Safe School

미래를
꿈꾸는

스마트
학교

디자인
북

손윤선 지음

서울경제경영

행복도시의 첫 스마트학교인 참샘초등학교를
디자인한 모습을 담았습니다.

머리말

새로운 변화가 시작되고 있다.

변화는 단순한 정보통신의 발달에 국한한 것이 아니라 모든 분야에서 새로운 가치 창출을 위한 지금까지와는 다른 사회로의 변화를 의미한다. 남녀노소 불문하고, 사회 전반에서, 그리고 전 세계가 변화의 소용돌이 속에 있다. 이러한 변화는 학교 역시 예외는 아니다.

수많은 것들이 변해도 결코 변하지 않을 것만 같았던 학교의 모습도 이제는 '스마트'라는 물결 속에 '교실 혁명'이라 할 수 있을 만큼 새로운 모습을 보이기 시작했다.

학교는 우리 아이들이 미래를 준비하고, 함께 하는 곳이다. 이러한 학교에서 우리 아이들이 스스로 진로를 고민하고, 자유롭게 원하는 내용으로 자신의 수준에 맞는 양질의 교육 내용으로 공부할 수 있어야 한다는 꿈을 가지고 행복도시 첫마을 스마트학교 설계를 시작하였다.

세계적으로 저명한 마케팅 전략가인 알 리스 & 잭 트라우트는 「마케팅 불변의 법칙」에서 "더 좋은 것보다 맨 처음이 낫다"고 말한다. 무엇이든 맨 처음하기를 꺼리고 힘들어 하는 것은 처음으로 하는 것에 대한 부담감 때문일 것이다. 이 디자인 북을 통해 탄생한 스마트학교도 마찬가지이다. 처음이기에 더 좋은 것보다 맨 처음이 낫다고 하지 않겠는가!

그동안 우리는 크고 작은 많은 교실의 변화를 가져왔다. 세상이 너무나 빠른 속도로 변화하고 있지만 이러한 변화의 속도에서 최초가 최고가 되기까지는 '선도 자의 법칙'에 선 사람들의 열정과 노력만이 가능하리라 생각된다.

처음이라서 자기의 책임을 다하지 못하고 주저한다면 발전이라는 속도는 우리 사전에 없을 것이다. 행정중심복합도시건설청에 근무하게 되면서 어떻게 하면 아이들이 즐겁고 행복한 학교를 만들 수 있을까 하는 것이 나의 꿈이었다. 그 꿈은 세계 최고의 학교를 만들어야겠다는 집념에 찬 여러 전문가들과 함께 이루게 되었다.

이렇게 세워진 학교에서 아이들은 서로 협력하여 창의적인 활동을 마음껏 펼치고, 자연과 어우러져 다양한 체험활동을 하고, 학교보다 더 큰 교실에서 우리나라 뿐만 아니라 전 세계의 아이들과 함께 공부하게 될 것이다. 교사들은 자동화된 행정시스템으로 업무에 대한 부담감을 줄이고, 아이들의 꿈을 맘껏 펼칠 수 있도록 도와주는 유능한 조력자가 될 것이다. 부모들은 안심하고 자신의 자녀들을 학교에 보내고, 언제든지 손쉽게 아이들에 대한 정보를 받아볼 수 있게 될 것이다.

이 디자인 북에는 이러한 꿈과 노력, 생각들이 차곡차곡 담겨 있다. 이렇게 행복도시를 명품교육도시로 만들기 위한 과정 속에는 처음이기 때문에 많은 시행착오가 있었으나, 이러한 과정을 통해 우리 아이들의 미래를 함께 할 스마트학교가 탄생하였다. 이 디자인 북에는 지금까지의 시행착오를 줄이고, 앞으로 좀 더 아이들이 행복하고 즐거운 학교가 많이 세워지기를 바라는 간절한 기도가 들어있다.

따라서 이 디자인 북을 토대로 새로 세워지는 스마트학교는 더 나은 모습으로 태어날 것이다.

디자인 북으로 탄생한 참샘초등학교는 앞으로 우리나라 최고의 스마트학교라는 명성에 알맞게 교사와 학생, 그리고 부모님들이 모두 함께 하는 세계 최고의 학교가 될 것으로 기대한다. 그래서 행복도시 첫마을 스마트학교는 우리 교육의 멘토가 되어 많은 멘티들에게 희망과 기쁨을 주는 학교가 될 것이다.

바쁜 일정에도 한가족처럼 달려와 아낌없는 조언과 지원으로 스마트학교를 탄생시켜준 한국교육학술정보원 김영애 부장, 계보경 박사, 이은환 박사에게 감사드린다.

모든 일을 함께 해준 스마트한 사람들의 모임('스사모'), 많은 자료를 챙겨준 고상돈 부장께도 감사드린다.

흔쾌히 출판을 허락해주신 서울경제경영출판사 김은중 대표님께 감사드리고, 늘어가는 잔소리지만 동반자로서 나의 인생의 나침반이 되어준 미카엘라가 고맙고 항상 그립다.

그리고 일일이 나열하지는 못하지만 한결같은 마음으로 도움을 주신 많은 분들께도 감사의 마음을 전한다.

마지막으로 행복도시가 명품교육도시가 되어 국가경쟁력을 확보할 수 있도록 많은 분들의 아낌없는 지원과 격려를 부탁드린다.

2013년 10월 행복도시 첫마을에서

손윤선

차례 Smart school design book

01

스마트교육이란?

01 스마트교육은 무엇인가?

오늘날 우리가 경험하고 있는 스마트사회로의 변화는 단순한 정보통신의 발달에 국한된 것이 아니라 사회 모든 분야에서 새로운 가치를 창출하는 새로운 사회로의 변화를 의미하고 있다고 해도 과언이 아닐 것이다.

스마트 하면 스마트폰, 스마트카드, 스마트키, 스마트TV, 스마트시티, 스마트그리드 등 일반적으로 인공지능, 다기능 등의 뜻으로 쓰이고 있다. 특히 스마트폰, 스마트패드 등 단말기가 급속히 보급되면서 보수적이라고 할 수 있는 교육에서도 예외일 수 없이 '스마트교육'이 강조되고 있다. 테크놀로지의 발전에 힘입어 유비쿼터스 기술을 교육에 적용하여 학교의 공간과 교실 등 교육환경이 개인 특성에 맞는 차별화되고 창의적인 학습이 가능하도록 조직되고 설계되고 있다.

이러한 교육수요를 감안하여 국가정보화전략위원회와 교육과학기술부에서는 '스마트교육 추진전략'[1]을 발표하면서 그림과 같이 스마트교육을 개념화하였다.

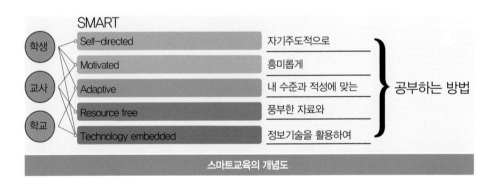

스마트교육의 개념도

SMART는 일반적인 인공지능이나 다기능 등의 뜻만을 지닌 것이 아니라 21세기 학습자 역량 강화를 위한 지능형 맞춤 학습체제로 교육환경, 교육내용, 교육방법 및 평가 등 교육체제를 혁신하는 모습을 모두 담고 있다 할 것이다.

SMART를 좀 더 자세히 살펴보면 첫째, S(자기 주도적)는 지식생산자와 지능화의 뜻으로 학생의 역할이 지식 수용자에서 지식의 주요 생산자로 변화하고, 교사는 지식의

---

1) 국가정보화전략위원회&교육과학기술부, 스마트교육 추진전략 발표(2011.6.29)

전달자에서 학습의 멘토(조력자)로 변화하며, 온라인 성취도 진단 및 처방을 통해 스스로 학습하는 체제가 된다.

둘째, M(흥미)은 체험중심과 문제해결 중심을 뜻하는 것으로서, 정형화된 교과지식 중심에서 체험을 기반으로 지식을 재구성할 수 있는 교수학습방법을 강조하며, 창의적인 문제해결과 과정중심의 개별화된 평가를 지향한다.

셋째, A(수준과 적성)는 유연화와 개별화를 뜻하는 의미로 교육체제의 유연성이 강화되고, 개인의 선호 및 미래의 직업과 연계된 맞춤형 학습을 구현하며, 학교가 수준과 적성에 맞는 개별화된 학습을 지원하는 장소가 된다.

넷째, R(풍부한 자료)은 오픈 마켓과 쇼셜네트워킹을 뜻하는 것으로서 클라우드 교육 서비스를 기반으로 공공기관, 민간 및 개인이 개발한 풍부한 콘텐츠를 교육에 자유롭게 활용하며, 집단지성, 소셜러닝 등을 활용한 국내외 학습자원의 공동 활용과 협력학습을 확대한다.

마지막 T(ICT 활용)는 개방화를 뜻하는 의미로 정보통신기술을 통하여 언제, 어디서나 원하는 학습을 할 수 있고, 수업방식이 다양해져 학습 선택원이 최대한 보장되는 교육환경이 된다.

다시 말하면 스마트교육은 새로운 디지털 문명과 새로운 시대에 이러한 다섯가지 공부하는 방법을 조화롭게 적용하여 스스로 문제해결능력을 키우고, 창의적인 학습이 가능하도록 하는 교육으로 정의된다.

02 스마트교육은 어떻게 추진되었나?

김대중 정부(1998~2003년)의 최대 치적인 전자정부에 의하여 우리의 학교교육에도 많은 변화를 가져왔다. 모든 학교에 PC와 초고속 인터넷망을 구축하여 ICT활용교육이 활성화되었다. 교육과학기술부에서는 시범학교, 디지털 교과서 연구학교를, 시도교육청에서는 연구학교와 선도시범학교를 지정·운영하는 등 IT를 활용하는 교육정책으로 교육환경에 많은 변화를 가져왔다.

이러한 학교교육도 e-러닝, u-러닝, s-러닝으로 진화하여 현재에 이르고 있으며, 스마트교육은 그동안 일부 학교에서 부분적으로 시도되어 왔으나 행정중심복합도시(이하 "행복도시")[2]의 첫마을 학교가 처음으로 학교 전체 학급을 스마트교육을 할 수 있도록 학교 공간과 교실을 조직하고 설계하여 학교를 설립하였다.

행복청은 스마트교육 구현을 위해 2006년 미래형 선진교육인프라 구축방안[3]을 시작으로 2009년에 행복도시 미래형선진학교모델 개발[4]을 추진하였고, 2011년에는 세종시 우수교육환경조성 방안 연구[5]를 추진하였다.

행복청과 한국교육학술정보원(이하 "KERIS")은 세계 최고의 교육환경을 갖춘 미래학교 모델을 행복도시에 설립하기 위하여 업무협약체결(2010.11.29)[6]을 하였다. 이에 따라 행복청은 미래학교 설립계획을 수립(2011.3.7)하였으며, 행복도시 첫마을 학교의 6개교 모든 학교를 u-스쿨 시스템을 위한 인프라구축과 미래학교 시범도입을 위하여 설계를 변경(2011.3.15)하기에 이르렀다.

국가정보화전략위원회와 교육과학기술부는 인재대국으로 가는 길 스마트교육추진전략을 발표(2011.6.29)하였고, 이어 이를 실행하기 위하여 교육과학기술부에서는 인재대국으로 가는 길 스마트교육 추진전략 실행계획 오픈정책 설명회[7]를 개최하였다.

한편, 행복청과 KERIS는 '미리 가본 미래학교' 정책설명회[8]를 개최하여 국가정보화전략위원회와 교육과학기술부가 제시한 스마트교육 추진전략의 모습을 가시화하고, 행복도시에 처음으로 설립하게 될 미래학교에 대한 다양한 논의와 소통, 공유의 장을 마련하였다.

행복도시 첫마을에 설립된 6개 학교(2012년 3월 개교: 참샘유치원, 참샘초등학교, 한솔중학교, 한솔고등학교; 2012년 9월 개교: 한솔유치원, 한솔초등학교)를 통하여 스마트교육이 본격적으로 가시화되기 시작하였다.

---

2) 행복도시는 행정기능이 중심이 되는 복합도시로 새로이 건설되는 도시를 말함. 세종특별자치시는 세종특별자치시 설치등에 관한 특별법에 의거 종전의 충청남도 연기군 일원, 충청북도 청원군 일부, 충청남도 공주시 일부를 관할 구역으로 함(세종시내에 행복도시가 있음)
3) 한국교육개발원, 미래형 선진교육 인프라 구축방안(2006.9)
4) 행복청, 행복도시 미래형선진 학교모델 개발 및 '09년 착수 9개교 RFP 수립 연구 용역(2009. 12)
5) 행복청, 세종시 우수교육 환경조성 방안 연구(2011.1)
6) 행복청장 한만희, KERIS 원장 천세영, 세종시 미래학교설립을 위한 업무체결 협약식(2010.11.29, KERIS 원장실)
7) 교육과학기술부, 스마트교육 추진전략 실행계획 오픈정책설명회(2011.9.1 15:00~17:00, KERIS 15층)
8) 행복청, KERIS 공동주관, 미리가본 미래학교 정책설명회(2011.7. 12 10:30~15:00, 양재동 엘타워 8층)

02

행복도시 스마트학교

01 스마트학교는 어떻게 구상하였나?

세계 최고의 명품도시를 만들기 위하여 행복청에서는 행복도시의 7가지 특색으로 ① 세계 최초의 환상형 도시구조 ② 품격 높은 통합디자인 개념 도입, ③ 최첨단 지능형 Smart City 건설, ④ 세계적 수준의 교육환경 구축, ⑤ 친인간적 정주여건 조성, ⑥ 세종대왕의 한국성 구현, ⑦ 사통팔달의 교통망 구축을 제시하고 있다.

그 중에서도 세계적 수준의 교육환경 구축은 행복도시를 명품도시로 만드는데 가장 중요한 요소임에는 틀림이 없다. 행복도시 이전 대상 공직자들은 행복도시 이주에 대한 결정을 내리는 데 있어 가장 중요한 고려사항으로 자녀교육을 꼽고 있는 것을 보면 행복도시 성패는 교육에 달려있다고 해도 과언이 아닐 것이다.

행복도시는 미래학교[9]를 통해 미래의 명품교육도시 이미지가 부각될 것으로 보고, 교육의 성공 핵심 요인으로서 우수하고 쾌적한 교육환경을 조성하기 위해 일찍부터 다양한 방안들을 고심하였다. 개인 특성에 맞는 교육이 가능하도록 장기적으로 학급당 학생 수는 OECD 수준인 20명을 기준으로 하고, 유비쿼터스를 기반으로 학습자가 원하는 방법, 시간, 장소에서 교육이 가능하며, 저탄소 녹색성장이 뒷받침된 친환경학교와 설립 예정인 과학고와 국제고는 상호 인접하여 공동교육과정 운영 등을 포함해 고유의 특성을 살리면서 시너지 효과를 극대화할 방안 등 우리 모두가 꿈꾸는 교육도시 행복도시가 21세기 최고의 명품교육도시가 되기 위하여 미래학교를 구상하게 된 것이다.

하지만 행복도시의 우수한 교육 환경은 이 같은 구상들을 아우를 수 있는 새로운 방향과 표준 설정을 요구한다. 새로운 방향은 "대한민국 최고의 교육도시 행복도시"라는 원대한 비전 설정에서 출발한다. 행복도시 발전의 중심에 교육을 두는 것은 행복도시의 비전과 여타의 모든 목표 달성을 가능케 하는 전략(enabling strategy)으로서의 존재의의를 말한다. 대한민국의 가장 창조적인 지역인 행복도시는 창조성을 인정받을 수

---

9) 행복도시 첫마을 학교 중 참샘초등학교를 미래학교로, 그 외 학교는 미래형 학교로 디자인하였으나, 교과부의 스마트교육 추진전략 발표 후에 전체 학교를 스마트학교로 하였으며, 스마트학교보다 더 발전된 모습의 학교가 미래학교(참샘초)이나 혼재되어 사용

있는 기회의 땅이기도 하다. 도시 경쟁력을 높이는 창조적 시민 양성을 위해서는 행복도시 발전 전략과 교육 부문이 잘 조화되어야 한다. 이와 함께 행복도시 모든 스마트학교는 선택과 집중이 가능한 맞춤형 방식으로 특성화되고 미래의 창조적 인재 양성을 위해 스마트학교가 필요한 것이다.

특히, 행복도시 첫마을은 행복도시에서 처음으로 설립되는 학교이니만큼 외부의 교육환경에 제약이 없어 스마트학교를 구축하는 데 최적의 교육환경을 갖춘 곳이다.

이런 의미에서 행복도시의 첫마을 학교 6개 모두를 스마트학교로 하였고, 그 중에서 참샘초등학교만을 다른 학교에 비하여 다르게 미래학교로 설계하였으며, 2012 국제교육박람회(IEFE)[10]에 참가하여 행복도시 첫마을 스마트학교와 미래학교의 우수성을 국제적으로 홍보하였다.

행복도시에 설립되는 150개 학교의 모든 학교를 스마트학교로 연차적으로 설립하며, 장기적으로 학급당 학생수는 20명, 학교규모도 24학급 600명을 수용할 수 있도록 학교설립을 다음과 같이 계획하였다.

행복도시 학교설립 계획

구분	계	유치원	초등학교	중학교	고등학교	특수학교
취학인구(명)	56,060	6,060	24,500	12,750	12,750	176
– 전체(50만) 대비 비율	–	2.4%	4.9%	2.55%	2.55%	0.3%(취학)
– 대상인원수(명)	–	12,000	24,500	12,750	12,750	1,680
– 취학률 및 공립률	–	51%	100%	100%	100%	10.5%
학급당 학생수(명)	15~20	15	20	20	20	4~7
학교당 학급수(개)	6~30	6	30	30	30	16
부지 기준면적(m²)	–	1,000	13,500	15,090	16,680	7,500
총학교수(개)	150	66	41	21	20	2

출처: 행복청. 학교설립계획 자료(2011)

---

10) IEFE(International Exhibition and Forum for Education): 사우디아라비아 교육부에서 주관하는 이러닝 관련 국제전시회 및 포럼 행사(중동 최대규모 박람회: 2012.2.13~2.17, 리야드)

스마트학교의 컨셉은 무엇인가?

행복도시 스마트학교는 미래형 학교모델로서 유비쿼터스 기반의 지능형 학교(u-School), 즐거운 학교(Fun School), 생태지향적인 학교(Eco-Friendly School), 글로벌/지역사회와 연계된 학교(Connected School), 안전한 학교(Safe School) 등 5가지 모델[11]을 제시할 수 있다.

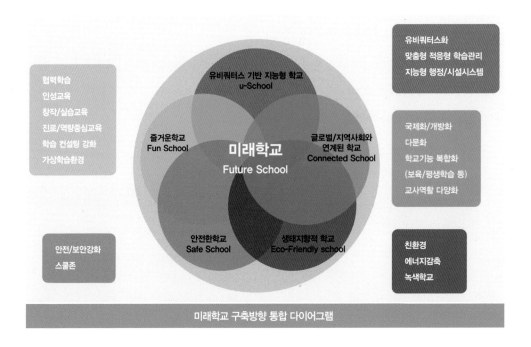

미래학교 구축방향 통합 다이어그램

이와 같이 미래학교 구축방향은 다음과 같이 소개될 수 있다.

첫째, 무선 인터넷, 클라우드 컴퓨팅을 기반으로 다양한 테크놀로지를 통합 운용하는 환경에서 언제 어디서나 자유로운 학습과 학교 행정 서비스 제공이 가능한 스마트 체제

---

11) 계보경, 김현진, 서희전, 이은환, 정종원, 김영애(2010), 미래학교 체제 도입을 위한 Future Schoool 2030 연구, 한국교육학술정보원.

를 갖추고,

둘째, 개방화된 학교체제에 첨단기술 기반의 안정장치를 마련하여 소통과 보안의 두 마리 토끼를 잡도록 하며,

셋째, 창의적이고 협력적인 학습 문화에서 학생 주도적으로 새로운 창작물을 창조해내는 체험 기반의 학교로서,

넷째, 학교 안팎의 전문 자원을 연계한 글로벌 학습이 자연스럽게 이루어지고, 특화된 전문 시설을 지역사회와 공동으로 활용함으로써 학부모 및 지역주민의 자연스러운 교육 과정의 참여를 유도하고,

다섯째, LED, 태양광, 절전형 공조, 친환경 소재 등을 도입하여 자연채광 신재생 에너지를 활용한 친환경 학습 환경을 제공하게 된다.

03

미래학교 참샘초등학교

01 첫마을 학교의 탄생 배경

첫마을은 2006년 5월 충남 연기군 남면 송원리·나성리 일원 약 34만 m²를 입지로 선정하였다. 선정사유로는 첫마을의 상징성을 감안하여 정부청사와 적정거리(약 2 km)를 유지하고 있어 접근성에 큰 문제가 없으며, 지형상으로는 보전 녹지축, 금강에 연접한 수변녹지축이 어우러져 분포됨에 따라 자연친화적인 개발여건이 양호하며 계획여건상 내부순환도로에 약 700 m 인접하고 있어 향후 문화·국제교류기능이 유치되는 중심상업지역과의 긴밀한 연계를 통한 시너지 효과 창출이 가능한 지역이기 때문이다.

특히, 첫마을은 국제설계경기를 통하여 56개 작품이 접수되어 그중 당선작 3개 작품과 장려작 2개 작품을 2006년 9월 1일 발표하였다.

1등 당선작은 'Weaving the Program, Construction the Ground'[12]로 자연과 인공물은 깍지 낀 손과 같이 서로를 머금고, 보존된 중심부의 녹지와 지형 사이에는 복합 커뮤니티 센터가 어우러져 있으며, 이는 가운데가 비어있는 행복도시의 전체 모습과 닮은꼴이며, 바람개비 형상으로 펼쳐진 7개의 인공지반들 사이공간에는 원지형과 식생이 보존되며, 이곳 주민들의 자발적인 터가 될 것으로 작품개념을 설명하고 있다.

당선작의 주요내용을 보면, 국제설계경기 당선작에서 제시하고 있는 첫마을의 공간구조는 쉽게 인간의 손을 연상할 수 있다. 자연지형과 어우러져 조성되는 손가락으로 연결되는 다섯 개의 강력한 축이 손바닥과 만나서 형성되는 공간에는 주민들의 다양한 활동을 수용할 수 있도록 배려하였다. 손가락마다 깍지가 끼어지는 사이공간은 주거영역으로써, 마치 자연과 주거공간이 서로를 껴안고 있는 형태로 조성되며, 쾌적한 주거환경과 더불어 다양하고 풍요로운 공공편익 서비스들을 동시에 체험할 수 있도록 계획하였다. 또한, 다양한 주택유형 및 지형과 일체화되어 있는 편익시설을 조성하여 보행의 즐거움을 부여하고 지역만의 특수한 장소성을 제공할 수 있도록 계획하였다. 이와 같이 당선작품의 독창성은 도시적 차원에서 건축적 맥락까지 고루 고려하

---

12) 김종국(종합건축사사무소 건원 대표이사), 김현호(DA그룹 대표이사)

기 위하여 마스터플랜과 건축계획을 동시에 수립할 수 있는 원형지 개발방식을 도입
하여 국제설계경기를 시행하였기 때문에 가능하였다.

 그리고 첫마을에는 국내 최초로 주민생활에 필수적인 공공시설과 민간시설을 한
지역에 집중적으로 배치하는 '복합커뮤니티센터'[13]를 조성하였다.

첫마을 조감도

출처: 행복청. 행정중심복합도시 첫마을 마스터플랜(2006)

---

13) 복합커뮤니티센터의 개념: 주민들이 다양한 도시활동을 영위할 수 있도록 지역 생활공동체의 유지 또는 활성화
 에 필요한 다양한 기능의 제공을 위해 복합 조성된 시설 또는 시설군

첫마을의 학교시설계획을 보면, 당선작에서 제시한 초등학교 3개소를 2개소로 변경하여 유치원 2, 초등학교 2, 중·고등학교 각 1개소를 설립하도록 하였고, 복합커뮤니티센터의 시설별 고려사항 중 학교환경을 보면 유치원은 초등학교 인근에 배치한다.

초등학교와 중·고등학교는 창의적이고 다양한 학습활동을 고려하여 설계하되, 향후 교육여건의 변화에 능동적으로 대응할 수 있는 다기능적인 학습공간을 설계하고, 학교시설 내 체육장을 근린공원내의 복합화하여 주민들이 공동이용할 수 있도록 계획하고, 각급학교는 소규모 체육장을 설치토록 한다(초등학교 1,600 m^2, 중학교 2,200 m^2, 고등학교 2,500 m^2). 교사는 학생 전용공간과 지역사회와 공동 활용되는 개방 공간 등을 구획하고, 개방 시 교육 및 학습 환경이 보호될 수 있도록 계획한다.

근린공원의 체육시설은 학교운동장 및 학교 체육관(다목적 강당)을 근린공원 내에 설치하여 지역주민이 공동이용할 수 있도록 한다.

위에서 말한 바와 같이 복합커뮤니티센터의 시설별 고려사항에 의하여 첫마을 학교는 대부분 소규모 운동장과 체육관을 보유하고 있으며, 근린공원 내에 대형 운동장을 확보하여 학생과 지역주민이 공동으로 활용할 수 있도록 복합화하였다.

02 참 매력있는 참샘초등학교

참샘초등학교[14]는 세종특별자치시 한솔동 노을1로 29번지에 위치하고 있으며, 참샘은 지금으로부터 이백여 년 전부터 산계곡에 자연수가 흘러나와 오고가는 사람들이 옹달샘을 파놓은 것이 처음이었다 하는데 물이 계절에 관계없이 차고 피부병에도 약효가 있다 하여 많은 사람들이 찾는 샘의 약수터였으며, 충남 연기군 남면 나성리에 있는 찬샘이 있는 마을인 찬샘골에서 유래를 찾을 수 있다.

---

14) 이혜주 교장, 「참샘초등학교」자료제공

01 참·샘·물처럼

참샘초등학교의 '참샘'은 순수한 우리말로서, '참샘'이란 진짜 샘, 오염되지 않은 좋은 샘, 좋은 물을 의미하고 있다. 그러므로 '참샘'은 좋은 학교, 좋은 교육, 좋은 선생님, 좋은 학생, 그리고 좋은 학부모를 상징하는 것이다.

또한, 참샘초등학교 교훈인 "참샘물처럼(Like real spring water)"은 기존의 형식적이고 외형적인 교육, 보이기 위한 교육, 실적위주의 교육에서 벗어나서 교육의 참된 본질을 찾고, 지나가는 목이 마른 나그네에게 물을 제공하는 참샘물처럼, 이웃을 위해서 나누고, 봉사하고, 희생하고 배려하는 공동체적인 정서를 함양할 것을 나타내고 있다.

참샘초등학교 위치도

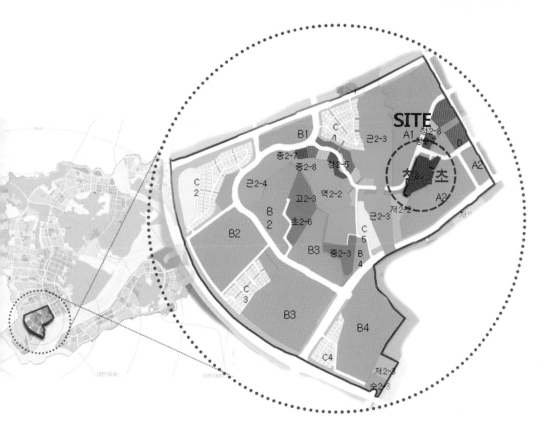

출처: 행복청. 참샘초등학교 자료(2012)

그리고 참샘의 영문표기인 'Charm'이라 하면 매력있는 학교, 매력있는 학생, 매력있는 교육이라는 뜻도 담고 있어서 더욱 의미있는 학교이름이다. 또한, 각 학년 각 학급의 반의 이름도 참(CHARM)의 첫머리를 따서 영어와 순수 우리말을 연결지어 만들었다. 예컨대, 전체 학년의 1반은 두레반(Cooperation, 협동), 2반은 가온반(Honesty, 정직), 3반은 라온반(Amusement, 즐거움), 4반은 여울반(Rapipds, 개울), 5반은 보람반(Merit, 보람) 등으로 만들었다.

참샘초등학교의 스마트교육은 풍부한 인적 인프라와 첨단 정보화 기기들을 효율적으로 활용하여 교육 수요자의 요구와 수준·흥미를 고려한 수준별 맞춤식 교육을 통해서, 학생들이 질 높은 교육의 혜택을 받을 수 있도록 하고 있다.

또한, 참품성 프로그램을 통해서 학생들에게 좋은 인성과 바른 행동 실천에 앞장서게

함으로써 교육의 아름다운 조화를 추구하고 있다.

이제 참샘초등학교는 한국에서뿐만 아니라 세계에서도 주목을 받고 있는 최고의 스마트학교로 회자되면서 개교 이후 연일 국내외에서 많은 방문객들이 쇄도하고 있다.

개교한 지 이제 겨우 1년이 지난 짧은 시간에 이룩한 스마트교육의 결실이 빛을 발하고 있는 것이다.

참샘고등학교는 스마트교육 모델 연구학교 운영을 통해 미래 디지털 교과서 학습에 대비한 교육을 실시하고 역량 있는 공교육을 통한 사교육 절감 효과로 학부모들의 교육 만족도를 높이고자 노력하고 있다.

학생들이 창의적이고 자기 주도적으로 학습할 수 있도록 밀어주고 이끌어주며 꿈을 펼칠 수 있도록 도와주는 창의적인 꿈의 학교!

바로 우리가 꿈꾸는 미래학교 참샘초등학교이다.

참샘초등학교 표지석

참샘초등학교 전경

1층-세계적인 꿈을 키우는 글로벌 공간(GQ)

2층-참품성을 키우는 인성 공간(PQ)

3층-예술적 심미안을 키우는 감성 공간(EQ)

4층-과학적 사고력을 키우는 지성 공간(IQ)

02 참샘초등학교 개요

세종특별자치시 '첫마을' 내에 자리 잡고 있는 참샘초등학교는 2012년 3월에 개교한 신설학교로 최첨단 '스마트학교'을 컨셉으로 구축된 학교에 걸맞게, 기존 학교에서는 볼 수 없는 첨단 시설이 설치되어 있는 스마트교육의 산실이다.

2013년 4월 16일 현재 30학급, 779명의 학생과 53명의 교직원들로 구성되어 있으며, 2012년 4월 1일자로 교과부 요청 스마트교육 모델 연구학교로 지정되어 스마트 기기 활용 수업 등을 통해 창의 교육을 실현하고, 생태 체험 및 학생 중심 동아리 활동, 배려와 나눔을 통한 공동체적 삶을 강화하는 등 창의성과 인성 교육이 함께 어우러진 조화로운 교육 실천에 앞장서고 있다.

03 참샘초등학교 교육 환경

참샘초등학교의 스마트교육 환경의 특징은 교사와 학생, 학생들 상호간 양방향 수업이 가능하다는 것이다. 실시간으로 학습 자료를 검색 · 활용하고 양방향(교사 ↔ 학생)으로 자료 전송이 가능하기 때문에 학생 수준과 흥미에 맞는 맞춤형 교육을 할 수 있다.

모든 교실에 녹색칠판 대신 전자칠판과 전자교탁이 설치되어 있고, 초등학교 4학년 이상부터는 학생 전원에게 스마트패드가 지원되어 학생 개인에게 적합한 개별학습 및 자기주도적 학습이 실현 가능하다.

Play space라고 하는 넓은 복도 공간은 학생들의 복합커뮤니티 공간, 창의체험공간으로 활용하고 각 층마다 설계된 창의 인성 공간을 활용하여 글로벌 인재 양성 및 창의 인성 교육에 노력하고 있다.

04 참샘초등학교 교육 들여다보기

참샘초등학교는, "학생들이 즐거운 학교! 학교 가기가 기다려지고 행복해지는 학교"이다. 그러면, 학교 가기가 즐거운 참샘초등학교의 일상 속으로 들어가 보자.

6학년 두레반 김○○는 아침 8시 25분에 학교 정문을 들어선다.

부모님은 '김○○ 학생은 8시 25분에 안전하게 등교하였습니다. –담임교사'라는 문자서비스를 받아보며 아침 일찍 출근하는 바람에 자녀의 안전한 등교를 확인하지 못한 걱정을 던다.

김○○은 교실에 들어와 전자 학생증을 무선 주파수인식(RFID) 카드 리더기에 대고 오늘의 시간표와 급식 메뉴를 확인한다.

아침 활동은 월요일 식물 관찰 일지를 쓰는 날! 교실에 있는 화분과 6월에 모심기한 벼를 관찰하느라 바쁜 월요일 아침이다.

스마트패드를 들고 '내 벼가 얼마나 자랐나!' 관찰하고 태양광 파고라에 앉아 친구들과 관찰 내용을 이야기하며 관찰 일지를 쓴다.

1교시는 친구들과 뉴스를 기획 중이다. 복도에 위치한 커뮤니티공간의 생각키움실에서 친구들과 주제에 대해 토론하고 동영상 촬영을 한다.

사회 시간에는 무역과 무역이 아닌 것에 대한 교육 솔루션을 통해 선생님과 자료를 공유하여 생각을 나누고, 도덕 시간에는 자아 존중감 및 배려 학습을 배우고 동영상 사이트를 통해 학습 목표를 이해한다.

오늘 배운 내용은 그때그때 학급 클래스팅에 올려 친구들의 생각에 내 의견을 덧붙여 우리 모둠의 의견을 협동학습을 통해서 구글 문서로 완성시켜 선생님께 제출한다.

수업이 끝나고 하교시간!

선생님이 알림장을 쓰라고 한다. 그런데 칠판에는 알림장이 없다. 김○○ 학생은 태블릿PC(스마트패드)를 켠다. 클래스팅에 우리 반의 알림장이 적혀 있다.

확인하고 가방을 정리한다. 인사를 드리고 집으로 가면, 부모님께는 '김○○ 학생은 안전하게 14시 50분에 하교하였습니다. –담임교사'라는 문자가 발송된다.

05 참샘 주요 교육활동

*2층 창의체험마당에서 친구들과 협동하며 놀아요.

*스마트 패드로 발표 수업을 해요.

*2층 생각키움실 친구들과 함께 영화 감상을 해요.

*1층 디지털 도서관 정보검색대에서 독서를 해요.

*4층 과학실에서 실험과 검색을 동시에 해요.

* 각 교실 전자칠판과 패드 양방향 수업을 펼쳐요.

웹에 올린 작품을 보고 친구들이 공유, 감상평을 실시간 달아줌

1. 스마트교육으로 미래 인재를 키우는 참샘

참 생각이 샘솟는 자기주도 학습: 스마트 기기를 활용한 창의 실력 향상

| 로봇샘과 함께 하는 영어 수업 | 스마트패드를 활용한 협동학습 | 스마트패드와 전자칠판 활용한 모둠 발표 |

샘물처럼 어우러지는 협동학습: 함께 하는 모둠학습을 통한 실력 있는 학생

| 함께 만드는 하모니 | 함께 해서 즐거운 모둠 학습 | 과학실험도 스마트패드로 |

2. 친환경 생태학습으로 인성 기르기

환경 사랑 금강 사랑 운동: 금강길 걷기, 금강환경 보호의 날 실천, 스마트 참샘의 날 운영

| 우리는 학교 사랑 봉사대 | 금강사랑 캠페인 | 금강길 걷기 대회 |

배려 나눔 사랑 실천 활동: 학교폭력 없는 학교, 희망 나눔 협약식, 아나바다 바자회

| 학교 폭력 추방 캠페인 | 희망천사학교 협약식 | 아껴쓰고 · 나눠쓰기 |

3. 창의적 체험활동으로 행복 가꾸기

생각 쑥쑥 체험 중심 활동: 융합형 창의 체험 프로그램 운영으로 생각 키우기

| 책사랑 책갈피 만들기 | 도자기 빚기 체험 | 지구 끝까지 슈~웅 |

창의 체험 학생 동아리 활동: 1~2학년 학급 동아리 운영, 3~6학년 학년군 동아리 25개 운영

| 영어야 놀자 동아리 | 독서 골든벨로 키우는 독서 실력 | 동요부르기 동아리 |

06 앞으로 참샘초등학교는 ○ ○ ○ ○ ○

"세계로 미래로 꿈을 엮는 SMART 참샘 교육"이라는 교육지표를 가진 참샘초등학교는 전국에서 모인 능력과 열정으로 뭉쳐진 교사들의 창의적인 아이디어와 교수학습을 통해서 스마트교육을 위해 솔선수범하고 있다.

정미자 교감은 "본교 교사들의 열정은 대단하다. 스마트교육은 교사가 얼마나 노력하고 생각하느냐에 달린 것 같다. 학생들의 창의적 학습능력을 끌어올리기 위해 매일 관련 자료를 찾아 공부하고, on line, off line에서 다른 선생님들과 정보를 나눈다. 스마트학교의 성공 여부는 교사의 역량과 관심, 학부모들의 참여에 달린 것 같다"고 말했다.

이혜주 교장은 "참샘초등학교는 첨단 유비쿼터스 교육환경을 갖춘 스마트학교이다. 이러한 스마트교육 기반을 배경으로 학생의 학습력과 교사의 교육력을 극대화하기 위해 노력할 것이며 더불어 스마트교육에 자칫 소홀해지기 쉬운 인성 교육을 강화하기 위해서 다양한 인성 프로그램을 개발하고 제공하여 지식과 인성이 조화를 이룰 수 있는 진정한 교육을 위해 노력하겠다"고 밝혔다.

07 참샘초등학교 방문 후기 모니터링

"태블릿PC(스마트패드)로 공부하니 가방이 가벼워져 좋아요"

– 참샘초 4학년 박○○ –

"로봇샘과 함께 수업하는 영어 시간이 즐거워요!"　　　– 참샘초 4학년 김○○ –

"수업을 하면서 자료를 쉽게 찾을 수 있고, 친구들과 함께 찾은 자료 및 완성한 문서를 바로 공유할 수 있어서 수업시간이 즐거워요."　　　– 참샘초 6학년 박○○ –

"우리 아들이 분당에서 이곳 참샘초등학교로 전학한 이후에, 학교 가는 것을 기다리고, 스마트패드를 활용한 수업을 매우 즐거워하며, 정보화 기기에 대한 전문성이 매우 높아져서, 자신의 진로마저 이 방향으로 결정한 상황이랍니다."– 6학년 ○○○ 자모 –

"학교의 전체적인 구조와 색상이 기능적인 면과 심미적인 면에서 월등하고 아름다우며, 궁전 같네요."　　　– 방문객 보령시 복○○ 교장 –

"한국에 이러한 초현대적인 기술력을 바탕으로 하는 스마트학교가 있다는 것이 부

럽고 놀랍습니다. 한국 교육의 우수성을 참샘초등학교를 통해서 다시금 확인하는 계기
가 되었습니다.   – 스웨덴 SVT텔레비전 공영방송 기자 Sharon Jama –

"참샘초등학교의 스마트교육환경과 이를 기반으로 한 스마트 수업이 놀랍습니다.
더불어 이러한 놀랄만한 교육환경 속에서 공부하는 참샘초등학교의 학생들이 부럽습
니다."   – 일본 조츄 교육대학교 미쥬호 하라 교수 –

"참샘초등학교처럼 우리나라의 모든 학교가 안락하고 아름다운 환경 속에서 스마트
교육을 받을 수 있다면 정말로 행복할 것 같아요. 참으로 부러운 학교입니다."

– 방문객 대전 만년초 진○○ 교장 –

참샘초등학교 배치도

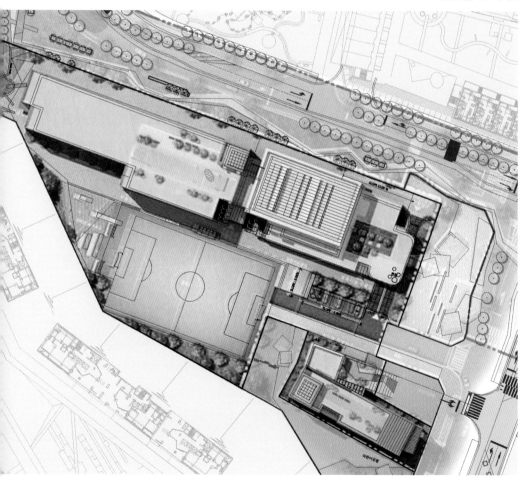

04

스마트학교 설계 디자인

첫마을은 단순히 입주주민들을 위한 주거단지개발에 그치지 않고 향후 우리나라 주거문화를 선도할 수 있는 미래지향적인 주거단지 모델을 제시해야 한다는 시대적 사명에 부여된 사업으로 교육시설, 공공청사, 문화시설, 보건복지시설, 공원 및 체육시설 등을 종합적으로 복합화하였다.

이에 따라 첫마을 스마트학교도 설계부터 건물의 준공에 이르기까지 주민생활에 필수적인 공공시설과 민간시설을 집중적으로 배치하여 복합커뮤니티센터 내에 설립하였기 때문에 설계디자인도 학교만 떼어서 설계한 것이 아니라 복합적으로 설계하였다.

첫마을 설계를 담당한 DMP건축사사무소[15)에서 실시 설계한 내용을 바탕으로 다음과 같이 제시하고자 한다.

01 설계 내용

01 설계목표 및 기본방향

- 도시 공공시설의 개방 · 공유 · 연계를 통해 장소성 있는 'T · L · Z(Total Living Zone)' 조성하여 커뮤니티시설의 유기적 통합 및 복합화를 통하여 도시 공공서비스의 연계체계를 구축하고, 통합적 서비스를 제공하며, 공간의 인지도를 높여 지역중심의 생활공간을 조성하고, 지역공동체를 활성화할 수 있도록 설계한다.
- 공공편익시설의 복합화를 통한 운영 효율성 및 주민이용편익의 증대시설 간 복합화를 통한 토지이용의 효율성을 도모하고, 상호 연결되는 시설의 내 · 외부를 주민 간 교류가 촉진되고 주 · 야간 활력이 넘치는 재미있는 공간이 되도록 계획한다.
- 공공편익시설과 연계된 근린공원녹지 및 옥외공간의 향상방안을 제시하여야 한다. 다양한 계층이 이용하며, 주민의 생활이 자연스럽게 근린활동으로 확장될 수 있도록 연계된 공간계획을 설계에 반영한다.
- 여성 및 가족 친화적 요소를 적극 고려하여 설계한다.

---

15) DMP건축사사무소(김정식, 김혁 공동 대표, www.dmppartners.com)에서 제공한 자료를 재구성함

- 각 시설물별 냉·난방시설 등 종합적인 에너지 사용계획을 제시한다.

02 설계의 테마

테마	탄소 제로 구현을 위한 생태 커뮤니티센터

- 에너지절감이 우수한 에너지절약형 건축 계획

  복합커뮤니티센터의 공공건축에 패시브(Passive)형 및 신재생에너지를 적용하고, 신재생에너지는 총공사비의 5% 이상 적용

  * 패시브 건축: 연간 난방소비량이 15 KWh/㎡ 이하인 건축
- 학교 건축물 계획시 패시브형 디자인, 생태적 재료 등을 적용
- 우수 재활용을 위한 기본방향 제시

03 에너지절감 및 효율화 건축계획

- 패시브(Passive)형 건축물 계획 : 사용면적당 난방부하가 15 KW/㎡ 이하

  적용사항: 외단열시스템, 창호 및 유리, 외부전동브라인드 설치
- 액티브(Active) 계획

  적용사항: 전열교환기(냉방시 50~55%, 난방시 70~76%), 지열히트펌프 적용, LED 및 고효율에너지 램프 적용
- 신재생에너지 등 에너지 및 고효율 기자재 활용계획

  냉/난방 및 급탕 에너지 시스템: 지열 100% 이용

  LED조명 시스템: 조명 전력의 30% 이상 적용
- 빗물이용시설 등 친환경계획

  빗물이용 시스템: 화장실용수 및 조경용수 활용 계획

  빗물침투 시스템: 잔디형 오픈(침투)수로 조경계획, 옥상녹화 및 벽면 녹화 조경 계획 투수형포장 및 침투형트렌치 토목계획

  빗물저류 시스템: 생태연못 조성.

  자연학습장 계획

  침투 및 증발산에 의한 주변온도 저감: 0.2~1.4℃

옥상녹화
- 지붕단열성능향상

고단열
- 외벽 열관류율 : 0.12(w/m² · k)
- 난방에너지 절감

태양광 파고라 및 조명등

- 학생 친환경교육 및 조명에너지 절감으로 경제적 효과

레인가든(우수활용)

레인가든   침사지   연결수로
월류   저류지
            자갈수로
월류
침투   침투   유출수유입

보행기

생태연못

옥상녹화

초등학교

놀이공간

생태학습장

운동

水 순환체계

투습성포장

초기우수배제장치

소/대변기

조경용수

화장실용수

보충수

우수관

디워터링펌프

침사조

우수저장조

염소처리장치

공급펌프

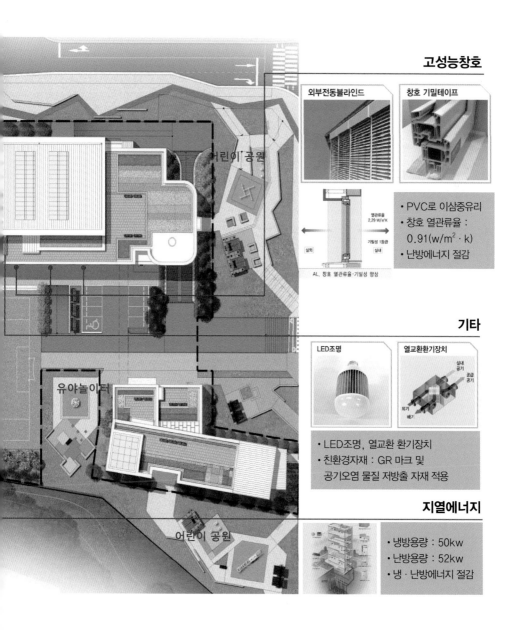

고성능창호

외부전동블라인드

창호 기밀테이프

열관류율
2.29 W/㎡K

기밀성 1등급

실외   실내

AL. 창호 열관류율·기밀성 향상

- PVC로 이삼중유리
- 창호 열관류율 :
  0.91(w/m² · k)
- 난방에너지 절감

기타

LED조명

열교환환기장치

실내
공기
공급
공기

외기
배기

- LED조명, 열교환 환기장치
- 친환경자재 : GR 마크 및
  공기오염 물질 저방출 자재 적용

지열에너지

- 냉방용량 : 50kw
- 난방용량 : 52kw
- 냉 · 난방에너지 절감

04 Barrier Free 계획

모든 시설은 장애물 없이 학생들이 자유롭게 다닐 수 있도록 Barrier Free 계획을 수립 반영하였다.

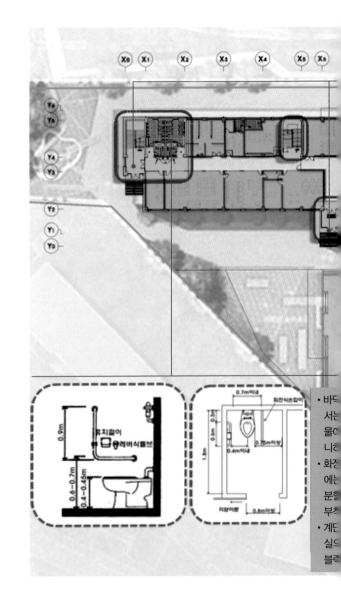

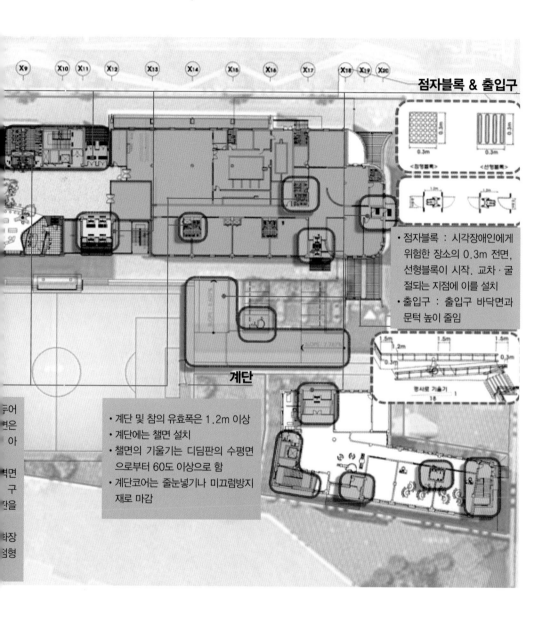

점자블록 & 출입구

0.3m ＜점형블록＞ 0.3m ＜선형블록＞

- 점자블록 : 시각장애인에게 위험한 장소의 0.3m 전면, 선형블록이 시작. 교차·굴절되는 지점에 이를 설치
- 출입구 : 출입구 바닥면과 문턱 높이 줄임

1.5m 1.2m 1.5m 1.5m 0.3m

경사로 기울기
1/8

계단

- 계단 및 참의 유효폭은 1.2m 이상
- 계단에는 챌면 설치
- 챌면의 기울기는 디딤판의 수평면으로부터 60도 이상으로 함
- 계단코어는 줄눈넣기나 미끄럼방지재로 마감

05 실내디자인 계획

1. 기본 방향
- 사용자의 눈높이와 생활양식에 맞춘 감성 인터페이스 공간 계획
- 초, 중, 고 학생들의 상상력 호기심을 자극하는 배움의 공간이자 놀이와 쉼터가 공존하는 공간 마련
- 자연과 조화되어 미래로 다가가는 친환경적인 복합 문화공간조성

知 : 창의력, 지식

生 : 건강, 활기

共 : 공공성, 보편성

感 : 오감, 호기심

GREEN LIGHT

인간의 **행복**을 추구하는 **감성공간**

2. 실내디자인 계획

디자인 개념	디자인 전개		
● 오감을 자극할 수 있는 마음으로 느끼는 공간 조성 ● 색채감각을 특화시키고 감각적으로 다가가는 디자인 반영	Eco, Natural Senstive	Education Curiosity	Enjoy, Fun Colorful

06 쓰레기 이송설비

사용자가 폐기물 투입구에 폐기물을 투입하면 폐기물이 집하장으로 이송되어 원심

분리기에서 분진이 포함된 공기와 폐기물이 분리되어, 공기는 정화시켜 대기 중에 배출하고 폐기물은 컨테이너에 저장하여 용도별 처리장으로 운송 처분하는 시스템

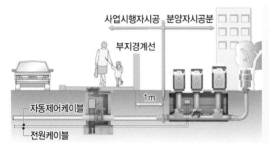

사업시행자는 분양자 부진 내(부지경계선) 1m까지 이송관로 및 전기, 계장관련 공배관을 설치하며, 분양자는 이로부터 연결관로 및 투입구 등을 설치한다. (전기 및 계장 관련 케이블 연결지점은 가장 가까운 시행자 분 맨홀부터 시공한다.)

구 분	쓰레기투입구		조정수량		비 고
	일반대형	음식물	일반대형	음식물	
참샘초등학교	1	1	1	1	현장 상황에 따라 추후 변경 가능함

07 조경계획

1. 계획의 방향과 구성

Green life-street

첫마을, 과거의 자연환경을 보존하면서 새로운 문화생활의 기대, 여성과 가족이 행복하고 안전한 보행중심의 가로 공간, 쾌적하고 풍부한 환경 속에서 사람이 모여 공유와 교류가 있는 즐거운 커뮤니티 가로로 조경계획을 수립

2. 개념

'친환경적인 학교', '자연속의 학교 · 공원과 같은 학교', '문화가 있는 열린 학교'로의 조경의 패러다임 변화

3. 조경계획의 방향

- 초등학교, 유치원을 위한 공동 환경 조성을 위한 다양한 프로그램 도입
- 학습과 놀이가 있는 공간 계획 및 어린이 공원 및 보행가로와 연계하여 학생들과 지역주민이 함께 이용하는 열린 학교 조성

4. 공간구상

- 옥상녹화, 벽면녹화
- 학교내 부족한 녹지공간의 확보, 사공간의 활용
- 건축물의 냉,난방 에너지 소비 절감과 도시 열섬 현상 완화, 환경친화적 경관 조성

- 비오톱의 도입
- 야생생물의 서식장으로 환경교육의 매개체, 해당 지역 자연 생태계 네트워크의 거점형성
- 수공간의 미기후 효과로 인해 기류에 대한 교육적 체험을 제공

- 생울타리 및 방음벽 설치
- '담장 없는 학교'를 지향하여 식생방음벽과 생울타리로 경계 조성
- 학생들의 안전성과 생물들의 서식공간과 이동통로 활용으로 풍부한 자연체험 제공

08 토탈디자인 컨셉

"Orange Nodes"

Orange : 친근함, 따뜻함, 에너지, 활동적, 변화, 긍정적 이미지
Nodes : 매듭, 혹, 복잡한 조직의 중심점: (이야기 중거리 등의) 얽힘
[서로 다른 성격의 공간이 함께 매듭지어져 하나된 공간]

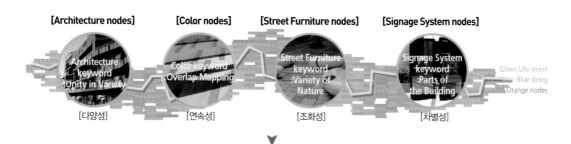

[Architecture nodes]	[Color nodes]	[Street Furniture nodes]	[Signage System nodes]
Architecture keyword :Unity in Variety	Color keyword :Overlap Mapping	Street Furniture keyword :Variety of Nature	Signage System keyword :Parts of the Building
[다양성]	[연속성]	[조화성]	[차별성]

Green Life street
Blue string
Orange nodes

▼

Blue string이 Green Life-Street를 하나로 연결시키는 줄기라면, Orange Nodes는 매듭(inpact)의 의미로
각 요소간 통합이미지 연출과 가로경관의 디자인 활성화 부여

02 건축계획

01 디자인 방향

- 토탈디자인 적용으로 통합적인 커뮤니티 가로경관 계획
- 보행가로의 활동공간과 연계된 건축물 저층부 계획
- 각각의 건축물을 연속적으로 이어주는 입면 패턴의 도입으로 조화를 이루는 도시
  경관을 형성

색채계획

1. 색채 컨셉

- 생태적으로 건강한 도시를 만들기 위해 친환경적인 자연 재료를 사용
- 가로경관의 구성 요소들을 Overlap하여 자연과 어우러진 색상조합으로 풍요로운 가로경관을 형성

친환경적 재료와 자연 그대로의 색채를 기조색으로 경관 요소들의 다양한 색채를 중첩시켜 조화로운 가로 경관 연출

2. 계획 방향

통합색채계획 개념으로, 다양한 성격과 공간이 공존하는 행복도시의 경관 구성요소들을 각각의 특성에 맞춰 다양한 색채이미지로 연출함과 동시에 통일감을 부여

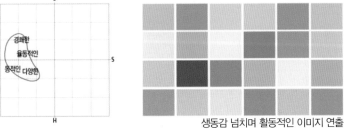

생동감 넘치며 활동적인 이미지 연출

Landscape

건물을 돋보이게 하는 수평적 요소로
서 차분하고 정돈된 색채느낌을

자연 그대로에서의 편안한 색채 사용으로 도시 배경이 되는 자연
풍경의 풍성하고 온화한 느낌 연출

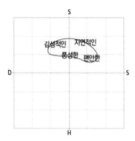

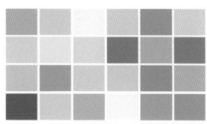

풍성하고 온화한 이미지 연출

Signage/Street Furniture

사인물과 시설물의 주목성을 강조하는
색채사용으로 대지와 건물의 경계

Modern (도시적인)

무채색계열, 자연소재색을 사용하여 다양한 경관요소들과 함께
조화를 이루며 세련된 이미지 연출

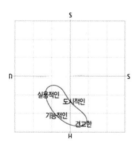

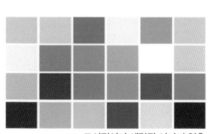

도시적이며 세련된 이미지 연출

3. 색상 및 재질

복합단지의 다양한 기능적 특징을 감안하여 시설물과 주변 환경의 요소간 상호 조화로울 수 있는 저채도의 색상을 위주로 사용하며, 친 자연 소재를 선정하여 도심 속의 안락함을 추구

"a Leafy Recess"

Leafy : 1. 잎이 많은, 잎이 무성한 2. 잎으로 된, 잎이 이루는
Recess : 1. 쉼, 휴식 2. 깊숙한 곳; 9깊은) 마음 속
[번화한 도심의 거리에서 느끼는 자연의 편안함과 고요함]

[Shade of tree]　[Soft of nature]　[Clear & Bright]　[Pattern of leaf]

[차분함]　　　[다양성]　　　[화창함]　　　[자연스러움]

4. 사인에이지 계획

복합문화 커뮤니티 센터. 가로에서 보여지는 건축물의 형태를 모티브로 그것을 사인시스템에 적용함으로써 사인시스템이 건축의 연장선상에 있는 통합 디자인임을 인식시키고 이로 인해 가로 전체의 통일성을 부여

[Design Motive]

 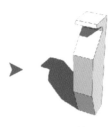

Mass

Mass

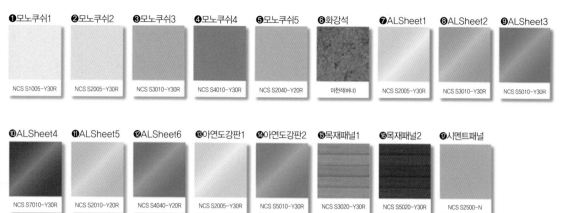

❶모노쿠쉬1	❷모노쿠쉬2	❸모노쿠쉬3	❹모노쿠쉬4	❺모노쿠쉬5	❻화강석	❼ALSheet1	❽ALSheet2	❾ALSheet3
NCS S1005-Y30R	NCS S2005-Y30R	NCS S3010-Y30R	NCS S4010-Y30R	NCS S2040-Y20R	마천석(버너)	NCS S2005-Y30R	NCS S3010-Y30R	NCS S5010-Y30R

❿ALSheet4	⓫ALSheet5	⓬ALSheet6	⓭아연도강판1	⓮아연도강판2	⓯목재패널1	⓰목재패널2	⓱시멘트패널
NCS S7010-Y30R	NCS S2010-Y20R	NCS S4040-Y20R	NCS S2005-Y30R	NCS S5010-Y30R	NCS S3020-Y30R	NCS S5020-Y30R	NCS S2500-N

Signage System nodes [Part of the Building : 공간의 확장, 건축과 연계된 사인]

Signage in Architecture

Segmentation Curving Simplification

Segmentation Transformation Leaning Result

03 빗물이용 계획

- 개발 후 증가하는 표면 유출수를 자연 침투시킴으로써 자연적 물순환 체계 확보
- 배수 중심의 빗물관리에서 지역 내 침투시킴으로써 지하수위 확보 및 식재환경 개선
- 침투된 빗물의 자연증발산으로 인한 도시미기후 개선

1. 화단형 빗물침투시설

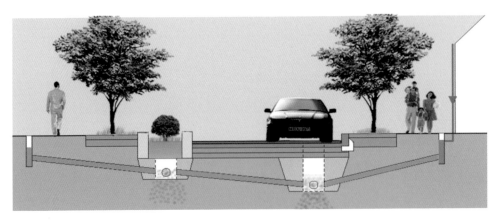

화단형 빗물침투시설 적용 예시도(보도와 차로 부분)

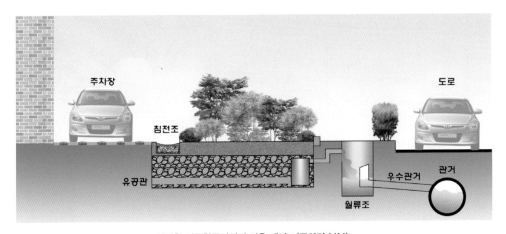

화단형 빗물침투시설의 적용 예시도(주차장 부분)

2. 침투형 잔디수로

- 적용지역: 녹지면 하부, 도면 참조
- 상부식재: 지피 초화류 위주

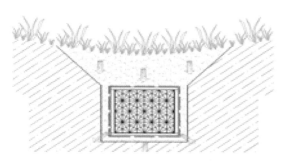

잔디수로 단면도 및 시공 예시도

04 Passive 건축물

1. 정의

Passive 건축물이란 난방을 위한 설비 없이 겨울을 지낼 수 있는 건축물을 말한다. 이를 위해서는 사용면적당 난방부하가 15 KW/m² 이하여야 하며, 이는 건물을 고단열, 고기밀로 설계하고 폐열을 철저하게 회수함으로써 가능하다.

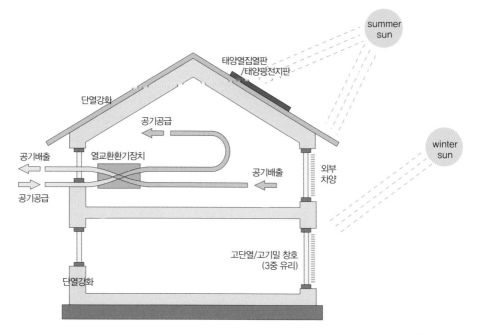

2. Passive 건축물의 장점 및 경제성

A. Passive 건축물의 장점

- 에너지 Free
  - 에너지 비용, 탄소배출 최소화
- 높은 쾌적성
  - 외풍, 결로현상 전무
    (외벽의 온도와 실내온도차 거의 없음)
  - 연중 내내 신선한 외기 도입

B. Passive 건축물 구성조건

- 향을 고려한 배치계획
- 벽 관류율: 0.15 W/m²k
- 창 관류율: 0.80 W/m²k
- 기밀 성능: n50 < 0.6회/h
- 고효율 열회수기 사용 · 외부 차양

■ 쾌적성과 에너지 절약

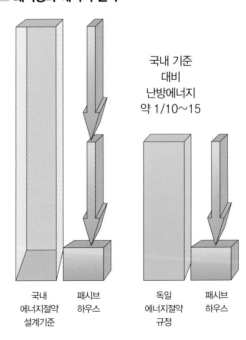

3. 에너지 및 탄소 절감량

업무시설

구분	공사비(천원)	절감액(천원)	회수기간(년)	탄소 절감량(loe)	비고
패시브	195,582	17,064	11	22.50	
지열	575,000	13,258	69	12.8	
LED	140,586	3,471	106	72.59	
고효율기자재	80,084	10,053	–	339.00	

교육시설

구분	공사비(천원)	절감액(천원)	회수기간(년)	탄소 절감량(loe)	비고
패시브	1,400,190	140,120	10	184.78	
지열	3,894,800	89,790	29	77.1	
LED	789,620	8,547	108	199.75	
고효율기자재	309,172	47,685	–	1,758.18	

*LED : 수명차이로 인한 교체기간을 고려할 경우 회수기간은 급격히 짧아짐

합계

구분	공사비(천원)	절감액(천원)	회수기간(년)	탄소 절감량(loe)	비고
패시브	1,595,772	157,184	10	207.28	설비 패시브에 의한 절감량 : 226[MWH]
지열	4,469,800	103,048	49	90	
LED	930,206	12,018	214	272.34	절감량 : 45.5[MWH]
고효율기자재	389,256	57,738	–	2,097.18	

03 공간 설계

스마트학교의 공간설계는 4개 층을 서로 다르게 디자인하였는데, 1층은 글로벌 공간 (GQ: Global Quotient), 2층은 인성공간(PQ: Personal Quotient), 3층은 감성공간(EQ: Emotional Quotient), 4층은 지성공간(IQ: Intelligence Quotient)을 패션화하여 디자인[16] 하였다.

---

16) L&K DESIGN(백철 실장, http://lnkdesign.co.kr)과
    DIVANI(장재철 사장, http://divani.co.kr)에서 제공한 자료를 재구성함

01 스마트학교 층별 컨셉

1층 글로벌공간(GQ)

관리실, 보건실, 특수학급, 시청각실, 컴퓨터실, 미디어 제작실, 홍보실, 도서정보실등이 배치되어 있고 주민의 이용과 학생이용에 편리하도록 하고 바닥에 세계지도를 도안, 세계를 향한 꿈을 키울 수 있도록 시공하였다.

■ 미래 희망인 꿈나무들이 세계로 뻗어 나감을 상징화
　– Hall 바닥에 세계지도를 패턴화
■ 학교 홍보 및 학생들의 활동 생활이 담겨 있는 전시
　공간
■ 지역주민과의 문화 소통, 정보 교류, 정보검색 등 다
　양한 활동들이 이루어질 수 있는 공간
■ White + Orange … 편안하고 온화한 분위기 연출

■ Floor Spec Plan

■ 3D Image

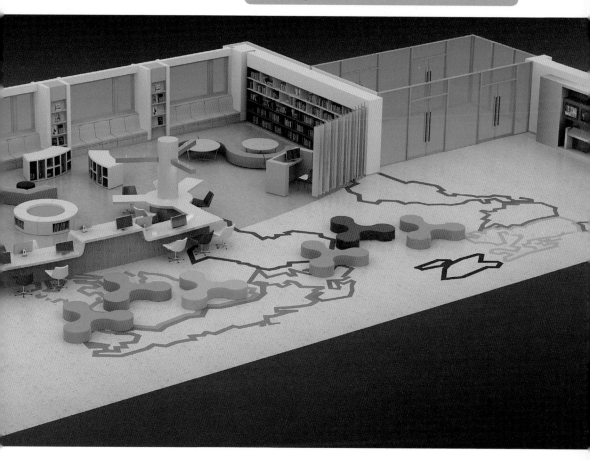

2층 인성공간(PQ)

교실, VR체험실(영어교실 겸용), PLAY SPACE, 화상
학습실, 강당 등이 배치되어 소규모 활동과 그룹 활동
등 학생 편의 제공을 위해 계획하고 바닥 패턴은 자연
적 요소를 도안하여 쾌적한 자연환경 학습 공간으로 시
공하였다.

■ 자연적 요소(흙 & 나무)를 공간에 반영시켜 쾌적하고 편안한
   자연 학습 공간 연출
■ White + Green ... 심리적인 안정과 공간의 자연스러움
   표현

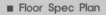
■ Floor Spec Plan

■ 3D Image

3층 감성공간(EQ)

교실, PLAY SPACE, 음악실, 미술실을 배치하고
홀 바닥패턴은 피아노건반과 물감을 패턴화 하여
감성을 자극하도록 시공하였다.

- 예술사조 중 하나인 구성주의의 비례 요소를 디장니
  적용 – 피아노 건반, 물감 패턴화
- 갤러리 공간 연출 – 학생들 작품 전시
- White + Color ... 심플한 느낌을 바탕으로 다양한
  칼라 믹스 앤 매치. 밝고 경쾌한 분위기 연출

■ Floor Spec Plan

■ 3D Image

4층 지성공간(IQ)

교실, PLAY SPACE, 과학실 등이 배치되었고
홀의 바닥패턴은 과학적인 요소로 표현하였
고 벽체 인테리어를 과학작품의 전시 및 홍
보가 가능하도록 시공하였다.

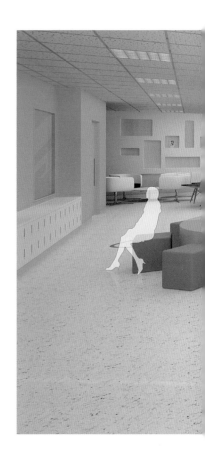

- 도형, 도표, 다이어그램을 모티브로 한 오브
  제 및 패턴 적용(바닥 – 우주궤도/도형을 모
  티브로 한 가구 배치)
- 과학 전시공간 및 과학도서 배치 학습공간
- White + Warm gray Color ... 정적인 공
  간 연출

■ Floor Spec Plan

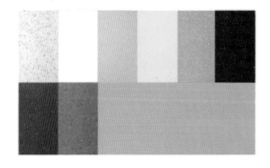

■ 3D Image

02 스마트학교를 활용한 유지관리

- 건축물 설계 및 시공 단계에서 각종 마감재 및 부품의 ID를 부여하고 설치 위치, 제원, 수선시기 및 내용년수 등을 Data-base화한 후 유지관리 단계에서 이를 활용
- 스마트학교 솔루션은 Data-Base에 입력된 수선시기 및 내용년수를 기준으로 마감재 및 부품의 수선 및 교체 시기 도래 전에 관리자에게 통보하고 관리자는 해당 부위에 대해 특별점검을 실시하여 파손 및 기능 손상 정도 등을 파악하여 수선 및 교체 여부를 결정
- 수선 및 교체 여부 결정 후 Data-Base에 입력된 설치 위치를 근거로 해당 부위 및 접촉부위의 간섭 유무를 파악하고 이에 따라 수선 및 교체 범위 결정

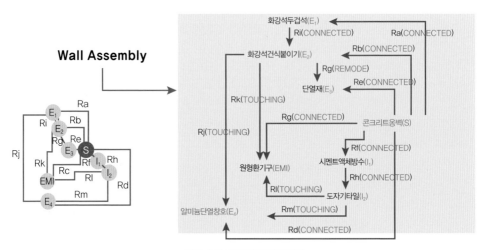

벽체 수선 시 간섭 부재 도식화

- 수선 및 교체 수행 후 Data-Base에 기록하여 중복 수선·교체를 미연에 방지하는 등 정부예산 절감
- 스마트학교와 통합관리시스템을 연계 구축하여 건축물 관리, 설비 관리, 청소업무 및 방법 업무 관리, 불편처리(민원) 관리, 인력관리 등에 활용

건축물 관리

건축물에 대한 자료보관

| 대상 자료 | • 점검기록, 보수기록, 사고기록 등 • 건축물 완성도서 |
| 활용 방안 | • 건축물의 운영에 관련한 데이터 장기보관 • 유지보수 이력 및 데이터 분석 |

청소 업무 관리

시설물에 대한 청소작업 관리

| 대상 자료 | • 일상작업, 년간/월간 작업 계획 • 소모품 사용 내역 및 분석 |
| 활용 방안 | • 작업기준에 의한 청소작업 계획 • 작업 실행에 대한 감시 • 소모품 사용 실적에 대한 분석 |

불편처리 관리

이용자의 불편처리 관리

| 대상 자료 | • 불편신고 내용 등록 • 처리 결과에 대한 등록 |
| 활용 방안 | • 구성원의 불편처리 정보화 • 불편처리 신고에 대한 분석 • 불편사례에 대한 매뉴얼화 |

통합 데이터 베이스 구축

설비 관리

각 설비들에 대한 자료보관

| 대상 자료 | • 운전 및 점검일지 • 설비별 고장이력 및 경보이력 |
| 활용 방안 | • 설비별 체계적인 데이터관리로 예방 보전 수행 • 유지관리를 위한 작업계획 수립 |

방범 업무 관리

방범 업무에 대한 자료보관

| 대상 자료 | • 순찰/주차 일지, 사고 보고서 • 이상/위치별 상황 보고서 |
| 활용 방안 | • 순찰통계 자동분석 • 위험 발생지역 감시로 위험요소 제거 |

인력 관리

운영 인력 관리

| 대상 자료 | • 운영인력의 작업관리 • 신상정보 및 근태관리 |
| 활용 방안 | • 인력관리 비용분석 • 인력관리 정보의 통합화 |

스마트 학교와 통합관리시스템의 활용 예

03 스마트학교 도입 전후 학교시설관리 기대효과

구 분	일반학교	스마트학교
시설관리	관리 인력이 활용할 수 있는 시스템이 한정되어 있어 비능률	관리 인력이 시스템을 활용하여 업무능률 향상
유지보수	건축 부재 파손 및 기능 상실 후 보수하는 사후보전 방식으로 보수 부위 증대	예방보전적인 유지보수 방식으로 수선시기 및 교체시기 도래전에 점검하여 보수 비용 절감
민원전달 및 처리	이용자가 관리자에게 직접 구두로 전달하여 민원 접수 및 처리 불편	스마트학교의 양방향 커뮤니티를 통한 신고 및 접수가 가능하여 처리 시간 단축 및 이용자 만족도 증대

05

스마트학교
u-스쿨 시스템 디자인

01 스마트학교 u-스쿨 시스템 구성

스마트학교는 학생의 생애를 설계하는 곳, 과목과 학생수 등 그 어떤 환경도 가능한 적응력이 높은 교실, 교사는 자연스럽게 기존 교과 내용을 잘 전달해주는 역할에서 벗어나 학생 개개인의 학습 경험을 디자인해주고 각 학생에게 맞는 역량을 발전시킬 수 있는 학교다.

이러한 학교는 삶이 곧 학습이 되는 학교이며 더 이상 고립된 학습 공간이 아닌 일상생활에서의 사소한 경험들을 체계적이고 의미 있는 학습으로 연계해주는 구심체의 역할을 하게 될 것이다. 테크놀로지는 이러한 사회와 학교와의 벽을 허물어주는 핵심적인 도구로 학교를 벗어난 박물관, 미술관과 같은 학교 밖, 더 나아가 국외 전문가와 자원들을 자유롭게 활용할 수 있는 환경이 된다.

이러한 학교의 체제 및 내용의 변화에 따라 소통과 협력, 체험을 기반으로 한 지능형 학교, 글로벌 지역사회와 연계된 학교, 생태친화적인 학교, 안전한 학교, 즐거운 학교가 스마트학교의 출발점이 아닌가 싶다.

이러기 위해 스마트학교의 u-스쿨 시스템은 기존의 녹색 칠판 대신 전 교실에 전자 칠판을 설치하고, 학생들에게는 스마트패드를 제공하여 다양한 형태의 토론, 프로젝트 학습, 퍼포먼스 등이 가능한 소규모의 공간들이 곳곳에 배치되어 교실 밖으로 학습활동 공간을 넓혀 줄 수 있도록 디자인하였고, 지역사회의 개방과 더불어 제기될 수 있는 안전성의 문제를 해결할 수 있도록 CCTV 설치 등 학생들의 안전망 구축을 할 수 있도록 하였으며, 모든 시설은 시설관리시스템을 통하여 관리·운영되고, 학교 전반을 통합관리시스템으로 운영할 수 있도록 디자인하였다.

행복도시 첫마을 스마트학교 u-스쿨 시스템은 행복청에서 (주)LG CNS와 (주)아이티센시스템즈의 컨소시엄을 시행사로 선정하여 추진하였으며, 교육솔루션은 (주)i-KAIST에서 개발한 School Box(ver 1.0)를, 통합솔루션은 (주)하나유에스아이에서 개발한 홈페이지, 학사행정, 시설물 관제 등을 통합하는 통합솔루션을 사용하였다.

스마트학교 u-스쿨 시스템은 첫마을 6개 학교에 처음으로 통합·적용하는 것이기에 교직원, 학생, 분야별 전문가들이 수차례에 걸친 협의 및 자문을 통하여 이루어졌으며,

LG CNS를 비롯한 많은 ICT 관련기업들은 스마트학교 프로젝트 팀을 구성하여 첫마을 인근에 별도의 사무실을 두고 추진하였다.

첫마을 학교 u-스쿨 시스템 구성도는 다음 그림과 같다.

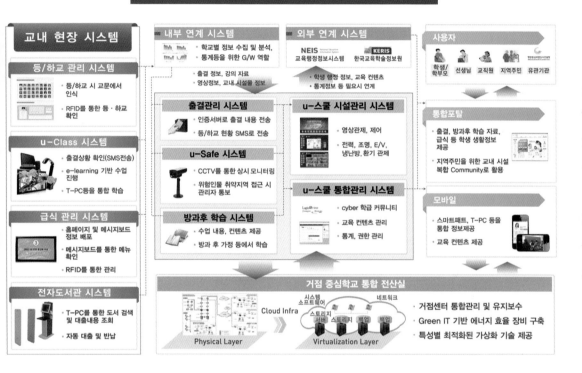

앞에서 살펴본 스마트학교 u-스쿨 시스템 구성도에서 보는 바와 같이 이러한 주요 특색을 살펴보면 다음과 같다.

01 학생 출결 관리

학생이 학교에 도착하면 학교 교문에 설치된 RFID(Radio-Frequency Identification) 리더기가 학생이 소지하고 있는 전자 학생증을 인식해 자동으로 출석처리가 이루어지며 학부모에게 등교 메시지가 전달된다.

02 교실 수업

교사와 학생이 직접 전자칠판과 패드를 이용해 수업 내용을 상호 교환하는 양방향 학습이 가능한 환경을 조성하여 학생들의 집중도를 높여 보다 효율적인 방식으로 수업이 진행된다.

03 커뮤니티 공간

창의체험마당, 스마트테이블, 생각키움실 등을 만들어 학생들이 다양한 협동학습을 통하여 구연동화, 창작발표회, 축구, 볼링 등을 자유롭게 모여 즐길 수 있는 흥미로운 학습 환경을 조성하였고 창의적 학습을 위해 많은 커뮤니티 공간을 배치하였다.

04 화상학습실

화상학습실도 갖추어져 있어 국내학교
는 물론 외국학교와 화상 수업을 할 수
있어 실시간 강의가 가능하며 정보교환
도 가능하다.

05 안전관리

특히 최근 심각한 문제로 대두되고 있는
학교 폭력 예방을 위하여 학교 취약지역내 CCTV를 설치하고 해당 지점을 영상관제할
뿐만 아니라 음성인식도 가능하여 비상 상황시 학생이 CCTV 밑에 설치된 비상벨을

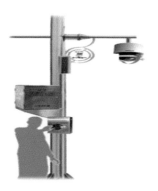

비상발생시 자동 알림

누르면 CCTV방향이 비상벨 위치로 자동 이동되며, 영상이 교장실, 교무실, 행정실에 전달되어 학생 안전망이 구축되어 학교 폭력 예방에 기여할 것이다.

02 u-스쿨 시스템 구성 분야별 디자인

스마트학교 u-스쿨 시스템 구성분야별 디자인[17]은 교육솔루션, 스마트학교 통합솔루션, SCSD시스템, 도서관리시스템, 3D가상현실체험실, 거점센터, 로보샘, 비디오월 시스템, 화상학습시스템, 클라우드 시스템, 키오스크시스템, 스마트월, 스마트테이블, 창의체험마당, 전자사물함 등으로 구성되었다.

01 교육솔루션

교육솔루션은 IT 발달에 힘입어 다양하게 개발되고 있으며, 그 다양한 교육솔루션 중에서 안드로이드(Android)와 윈도우(Windows) OS간 교류를 통해 선생님과 학생이 양방향 학습을 통하여 흥미를 유발할 수 있는 교육솔루션[18]이다.

교수학습지원 솔루션

양방향 학습 연동 솔루션

학습자 기능(학생단말기)
- 실시간 화면 공유기능
- 화이트 보드 통한 그룹 학습 가능
- 문제 복습 및 자기 주도 학습 기능
- 쓰기,지우기 등 판서 기능

교수자 기능(선생님단말기)
- 학생 통제 및 첨삭 기능
- 맞춤형 멘토 학습 지도 기능
- 편리한 저작도구를 이용한 교수학습 보조자료 작성

교수자 기능(전자칠판)
- 페이지 및 가상칠판 기능
- 콘텐츠 활용 및 인용 기능
- 실시간 멘토학습 기능
- 쓰기, 지우기등 판서 기능

연동 및 확장성기능
- 다양한 단말기(iOS,Android,MS) 호환성 제공
- 전자칠판,실물화상기 등 다양한 학습기기 연동
- 클라우드 환경 호환성 제공

---

17) (주) LG CNS에서 제공한 자료를 재구성함
18) i-KAIST에서 개발한 School Box(ver1.0)(김성진 대표, www.i-kaist.com)

1. 목적

선생님과 학생, 학생과 학생 간의 자료 전송 및 학습공유로 효과적인 학습이 가능하도록 하며 협력학습, 모둠학습, 창의학습 등 다양한 학습 환경을 지원한다.

2. 기능 및 제원

구분	기능	제원
H/W	• 교육솔루션	• 셋톱박스, 옵티머스패드, 갤럭시탭
S/W	• SchoolBox	• 전자칠판, 패드

3. 장점 및 단점

장점	단점
• 판서 내용이 디지털 방식으로 저장되어 용이한 자료 사용과 수정이 가능 • 다양한 자료 뷰어 제공 • 다양한 콘텐츠 활용 가능 • 사용자간 실시간 자료 전송, 공유 • 모둠 학습 지원	• 디지털 환경으로 인해 저학년 글씨체가 정결하지 못함 • 패드 배터리의 한계 • 네트워크 환경에 의존하기 때문에 네트워크에 이상이 있으면 사용에 제약이 발생

4. 사용방법

A. 기본 화면

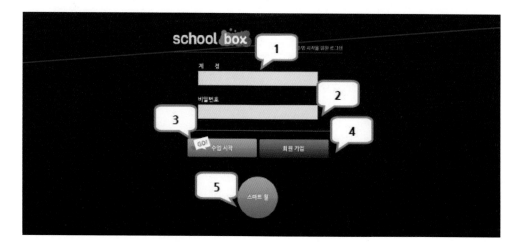

번호	이름	내용
1	계정 입력창	사용자의 계정을 입력할 수 있는 영역이다. 영역을 터치하면 가상 키보드가 생성되어 계정 입력이 가능해진다.
2	비밀번호 입력	사용자의 계정 비밀번호를 입력할 수 있는 영역이다.
3	수업 시작 버튼	계정과 비밀번호를 입력한 상태에서 해당 버튼을 탭하면 프로그램에 접속되어 메인 화면으로 이동한다.
4	회원 가입 버튼	사용자가 계정이 없을 경우 회원 가입을 진행할 수 있는 버튼이다.
5	스마트월 접속	스마트월 버전으로 접속할 수 있는 버튼이다. 이때 별도의 로그인이 필요 없이 해당 버튼만 탭하면 접속이 가능하다.

B. 메인 UI 소개

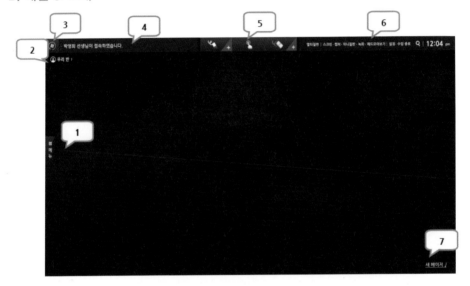

번호	이름	내용
1	메인 메뉴 버튼	버튼을 탭하면 화면이 오른쪽으로 슬라이딩되면서 메인 메뉴들이 디스플레이된다. 버튼을 다시 한 번 클릭하면 원위치된다.
2	우리 반	현재 접속되어 있는 학생들의 현황과 모둠 현황을 확인하고 트랜스퍼 혹은 스티커 부여 등의 기능을 수행할 수 있는 메뉴이다.
3	윈도우 모드	윈도우 모드로 전환시켜 주는 기능이다.
4	상태 창	주요한 기능 실행과 결과에 대한 정보를 지속적으로 제공해준다. 상태 창을 아래 방향으로 슬라이딩하여 히스토리를 확인할 수 있다. 펼쳐진 상태 창 하단을 위 방향으로 슬라이딩하면 원 위치된다.
5	주요 판서 기능	판서 기능/개체 선택 기능/지우개 기능 등 사용 빈도수가 가장 많은 기능을 별도로 구분하여 제품 상단에 위치했다.

C. 판서

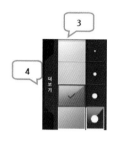

번호	이름	내용
1	판서 기본 버튼	최초 선택 시 반영되는 컬러는 화이트이다. 해당 영역을 클릭하면 판서 모드로 선택이 가능하다.
2	판서 옵션 버튼	판서 옵션을 선택할 수 있는 버튼이다.
3	판서 옵션 선택	[판서 옵션 버튼]을 클릭하면 그림과 같이 하단에 옵션이 보여진다. 원하는 컬러와 굵기를 클릭으로 설정할 수 있다.
4	선택 옵션 더 보기	컬러/굵기 등의 옵션을 더 다양하게 제공하는 기능이다. [더 보기] 버튼을 클릭하면 옵션 바가 디스플레이된다.
5	컬러 옵션 표시	선택된 컬러 옵션이 그림과 같이 아이콘에 표시된다.

D. 지우개

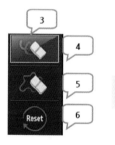

번호	이름	내용
1	지우개 기본 버튼	해당 영역을 클릭하면 지우개 모드를 선택할 수 있다.
2	지우개 옵션 버튼	지우개 옵션을 선택할 수 있는 아이콘이다.
3	지우개 옵션 선택	지우개 옵션버튼을 탭을 하면 그림과 같이 하단에 옵션이 보여진다.
4	기본 지우개 옵션	원하는 영역을 지울 수 있는 옵션이다. 해당 영역을 클릭하여 드래그하는 대로 판서 내용이 지워진다.
5	벡터 지우개 옵션	벡터 단위로 지울 수 있는 옵션이다. 해당 영역을 클릭한 후, 판서 내용을 터치하면 벡터 단위로 내용이 지워진다.
6	리셋 기능 옵션	해당 영역을 클릭하면 판서되어 있는 모든 내용이 한꺼번에 지워진다.

E. 수업내용

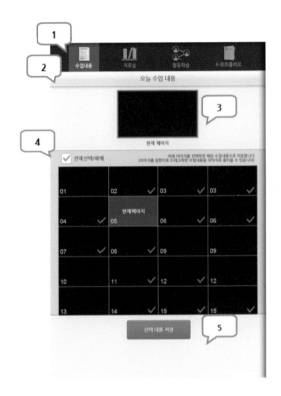

번호	이름	내용
1	수업내용 메뉴 버튼	클릭으로 실행할 수 있으며 그림과 같이 컬러가 바뀌어 다른 메뉴와 구별할 수 있다.
2	오늘 수업 내용 타이틀	오늘 수업 내용 타이틀이 기재되어 있는 타이틀 바이다.
3	페이지 썸네일	생성된 페이지가 썸네일의 형식으로 보여진다. 원하는 페이지로 이동하고 싶은 경우에는 썸네일을 클릭하면 우측 전자칠판 판서 영역이 해당 페이지로 변경된다.
4	전체 선택/해제 기능	생성된 페이지를 클릭으로 선택할 수 있으며 선택/해제를 체크 표시로 알려준다.
5	선택 페이지 저장 기능	저장하고자 하는 페이지의 체크 영역을 클릭하면 그림과 같이 체크영역이 블루 컬러로 활성화된다. 선택한 후, 해당 버튼을 클릭하면 페이지가 원하는 경로에 저장된다.

F. 자료실

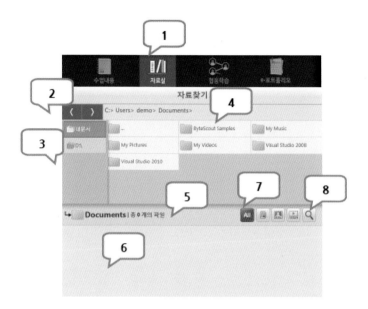

번호	이름	내용
1	자료실 메뉴 버튼	자료실 메뉴를 실행할 수 있는 버튼이다.
2	경로 표시 영역	앞쪽에 있는 화살표를 이용하여 앞/뒤 경로로 이동할 수 있다.
3	저장 장치 표시 영역	사용자들의 자료들이 저장되어 있는 장소들이 표시되어 있는 영역이다.
4	폴더 표시 영역	3번에서 선택된 저장 장치에 저장되어 있는 폴더들이 보여지는 영역이다.
5	폴더별 파일 개수	4번에서 폴더를 선택하면 해당 폴더의 파일 개수 확인이 가능하다.
6	파일 정렬 영역	자료를 불러오고 싶은 경우, 원하는 자료를 클릭한 후 드래그&드롭으로 전자칠판에 불러올 수 있다.
7	자료 분류 기능	저장된 교안 자료들을 속성에 따라 구별하여 보여주는 기능이다.
8	자료 검색 기능	자료의 제목 키워드를 입력하여 검색하는 기능이다.

G. 자료실(외부)

번호	이름	내용
1	이동식 저장 장치	이동식 저장 장치를 연결했을 경우 그림과 같이 저장 장치 표시 영역에 항목이 표시된다.
2	클라우드 저장 장치	사용자가 스쿨박스에서 사용 가능한 클라우드 서비스(N드라이브/다음 클라우드)에 로그인했을 경우 그림과 같이 클라우드 아이콘이 표시된다.

H. 문서뷰어

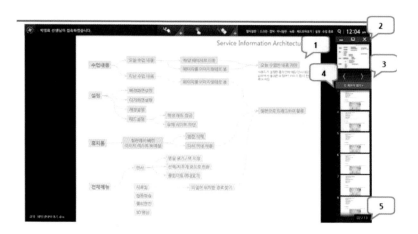

번호	이름	내용
1	문서 내용 영역	문서의 한 페이지가 보여지는 영역이다. 문서의 페이지 레이아웃에 따라 가로, 세로 비율을 자동적으로 맞추어 보여진다.
2		▬ : 뷰어를 최소화하는 버튼. 클릭하면 뷰어가 섬네일의 형식으로 전자칠판 하단에 숨겨진다. ❑ : 사이즈를 조절하는 버튼해당 버튼으로 뷰어 사이즈를 기본/최대화로 전환할수 있다. ✕ : 뷰어를 삭제할 수 있는 버튼
3	페이지 이동	좌측 버튼 클릭 시 앞 페이지로 이동할 수 있으며 우측 버튼 클릭 시 뒤 페이지로 이동할 수 있다.
4	페이지 열기/숨기기	문서의 페이지들을 섬네일 형태로 성렬하여 보여주는 기능이다. 페이지 열기 버튼을 클릭하면 그림과 같이 하단에 페이지가 펼쳐지고 버튼은 페이지 숨기기로 변경된다. 페이지 숨기기를 클릭하면 하단의 페이지가 숨겨지고 초기 상태로 돌아간다.
5	현재 페이지 표시	전체 페이지 중 현재 보여지는 페이지를 표시해 준다.

I. 협동학습

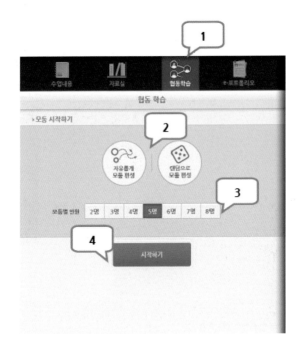

번호	이름	내용
1	협동 학습 메뉴 버튼	협동 학습 메뉴를 실행할 수 있는 버튼이다.
2	모둠 생성 방식 선택	모둠이 생성되지 않았을 경우, 협동 학습 메뉴를 실행할 때 그림과 같은 기본 화면이 보여진다. 자유형 생성과 랜덤형 생성 옵션이 제공되며 클릭으로 선택할 수 있다.
3	모둠별 인원 선택	한 모둠에 들어갈 인원을 설정할 수 있는 기능이다. 가장 작은 단위의 2명부터 8명까지 학생의 수를 설정할 수 있으며 간단하게 터치로 선택할 수 있다.
4	시작하기	모둠 생성을 실행할 수 있는 버튼이다.

J. 개인 탭

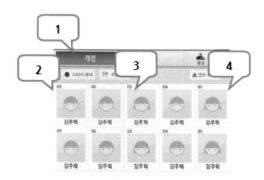

번호	이름	내용
1	개인 탭	개인 탭을 클릭하면 모둠 탭과 구별할 수 있게 컬러가 전환된다.
2	스티커 부여	개별 학생의 학업 성취도, 참여도에 따라 실시간으로 스티커를 부여할 수 있는 기능이다.
3	트랜스퍼	원하는 학생을 선택하여 자료를 실시간으로 전송할 수 있는 기능이다.
4	받은 파일함	학생들이 트랜스퍼한 자료들을 임시로 보관할 수 있는 기능이다.

K. 개인 탭(스티커 부여)

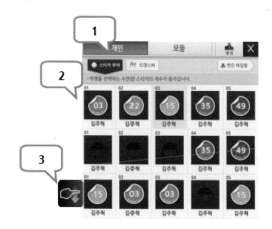

번호	이름	내용
1	스티커 부여	버튼을 클릭하면 학생 아이콘 컬러가 변경되면서 스티커 부여 모드로 전환된다.
2	스티커 부여 방법	1번 버튼이 클릭된 상태에서 스티커를 주고자 하는 학생 아이콘을 클릭한다. 클릭 개수대로 스티커 개수가 증가하는 것을 볼 수 있다.
3	스티커 부여 취소 방법	부여된 스티커를 취소하고 싶을 경우에는 그림과 같이 해당 학생의 스티커 아이콘을 위에서 아래로 슬라이딩하는 제스처를 통해 하나씩 스티커를 삭제한다.

L. 트랜스퍼

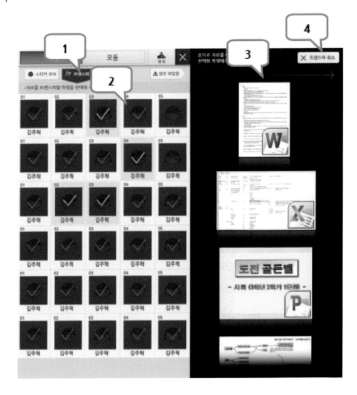

번호	이름	내용
1	트랜스퍼	트랜스퍼 기능을 실행할 수 있는 버튼이다. 트랜스퍼 기능이란? 이미지/동영상/문서 등의 다양한 자료를 간단한 제스처만을 통해 실시간으로 단말기 간 전송할 수 있는 스쿨박스만의 인터랙티브 솔루션이다. 버튼을 클릭하면 학생 아이콘 컬러가 변경되면서 트랜스퍼 모드로 전환된다.
2	학생 선택	자료를 트랜스퍼 하고자 하는 학생을 선택할 수 있다. 학생 아이콘을 클릭하면 그림과 같이 체크가 표시된다.
3	트랜스퍼 자료 정렬	트랜스퍼 할 자료들이 정렬되는 리스트 영역이다. 1번 트랜스퍼 버튼을 클릭하면 전자칠판에 열려 있는 자료들의 리스트가 그림과 같이 정렬되어 생성된다. 학생을 선택 한 후, 리스트 중 보내고자 하는 자료를 왼쪽에서 오른쪽으로 빠르게 한 손가락으로 슬라이딩하면 자료가 트랜스퍼된다.
4	트랜스퍼 취소 버튼	트랜스퍼 기능을 취소할 수 있는 버튼이다. 버튼을 클릭하면 자료 정렬 리스트 영역이 사라지고 우리 반도 초기 화면으로 돌아간다.

M. 받은 파일함

번호	이름	내용
1	파일 리스트	학생들이 트랜스퍼한 자료들이 정렬되어 보여지는 영역이다. 그림과 같이 트랜스퍼한 시간별로 자료들이 묶어서 보여진다. 해당 기능은 개인/모둠 공통적으로 실행된다. 트랜스퍼된 자료들 중 원하는 자료를 드래그 앤 드롭으로 전자칠판에 꺼내서 활용할 수 있다.
2	학생 목록 가기	학생 목록으로 돌아갈 수 있는 버튼이다.

N. 멀티칠판

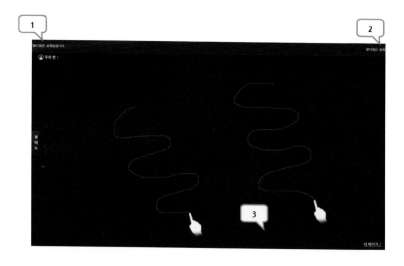

번호	이름	내용
1	멀티칠판 실행	기본화면에서 멀티 칠판 버튼을 클릭하면 그림과 같이 상단 부분이 전환된다.
2	멀티 칠판 종료 버튼	멀티 칠판 모드를 종료하고 기본 화면으로 돌아갈 수 있는 버튼이다. 해당 버튼을 클릭하면 멀티 칠판 모드에서 판서했던 내용은 초기화된 상태로 기본 화면으로 돌아간다.
3	멀티 판서 영역	그림과 같이 두 명의 사용자가 동시에 판서를 할 수 있는 영역이다.

O. 캡처

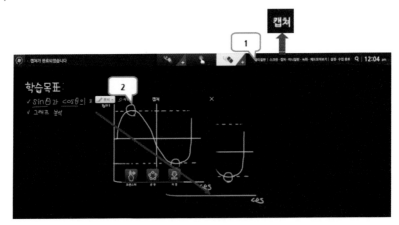

번호	이름	내용
1	캡처 버튼	캡처 버튼은 그림과 같이 프로그램 우측 상단에 위치한다. 해당 버튼을 클릭하면 캡처 기능이 준비된다.
2	캡처 이미지	1번 설명과 같이 캡처 버튼을 클릭한 후, 그림과 같은 방향으로 원하는 영역을 드래그하면 캡처 영역이 생성된다.

P. 미니칠판

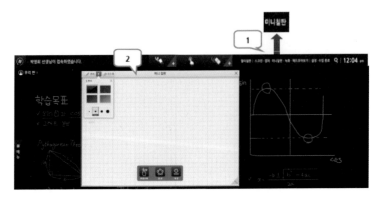

번호	이름	내용
1	미니칠판 버튼	미니칠판 버튼은 그림과 같이 프로그램 우측 상단에 위치한다. 해당 버튼을 클릭하면 미니칠판 기능이 실행된다.
2	미니 칠판	1번 버튼을 클릭하면 그림과 같이 미니칠판이 자동적으로 생성된다.

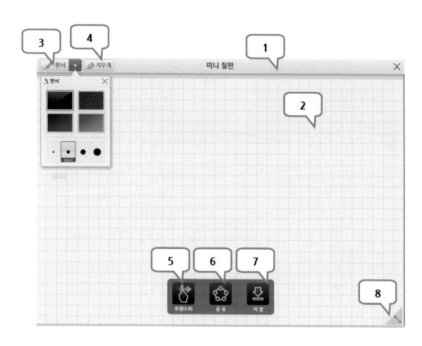

번호	이름	내용
1	타이틀 바	그림과 같이 프레임 최상단에 위치하고 있으며 해당 영역을 드래그하여 프레임을 이동할 수 있다.
2	판서 영역	원하는 내용을 판서할 수 있는 영역이다.
3	판서 기능	판서 버튼을 아래로 살짝 슬라이딩하면 그림과 같이 판서 옵션이 디스플레이된다. 최초 선택 시 반영되는 컬러는 블랙이다. 선택되는 옵션은 그림과 같이 테두리로 표시를 제공한다. 옵션 바 우측의 X버튼을 클릭하면 옵션 바가 사라진다.
4	지우개 기능	프레임 내에 판서되는 내용을 지울 수 있는 기능이다. 지우개 버튼을 클릭한 후, 원하는 영역을 드래그하는 대로 삭제할 수 있다.
5	트랜스퍼	캡처된 내용을 접속되어 있는 학생들에게 트랜스퍼할 수 있는 기능이다.
6	공유	캡처된 내용을 접속되어 있는 학생들에게 공유할 수 있는 기능이다.
7	저장	캡처된 내용을 저장할 수 있는 기능이다.
8	사이즈 조절	작은 삼각형으로 표시된 영역을 드래그하여 사이즈를 조절할 수 있다.

Q. 녹화

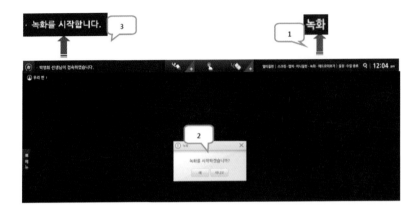

번호	이름	내용
1	녹화 버튼	녹화 버튼은 그림과 같이 프로그램 우측 상단에 위치한다. 해당 버튼을 클릭하면 캡처 기능이 준비된다.
2	녹화 팝업 창	1번 녹화 버튼을 클릭하면 그림과 같이 팝업 창이 뜬다.
3	상태 창	2번 팝업에서 예를 누르면 팝업이 사라지면서 녹화가 시작되고 상태 창 내용이 "녹화를 시작합니다."로 변경된다.

R. 패드 모아보기

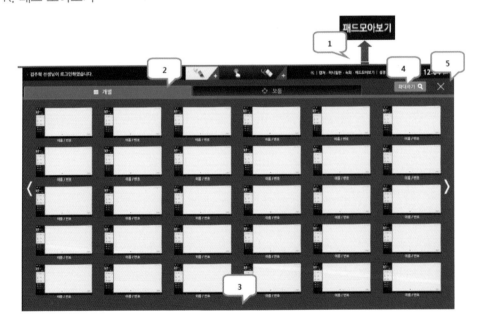

번호	이름	내용
1	패드 모아보기 버튼	프로그램 우측 상단에 위치하며 해당 버튼을 클릭하면 패드 모아보기 기능이 준비된다.
2	패드 모아보기 화면	1번 버튼을 클릭하면 현재 전자칠판에 접속되어 있는 학생들의 패드가 그림과 같이 보여진다. 개인과 모둠으로 구별되어 있으며 기본으로 개인 탭이 보여진다.
3	패드 정렬 영역	학생들의 패드가 정렬되어 보여지는 영역이다. 1번 버튼을 클릭한 후, 개별 탭을 클릭하면 하단에 그림과 같이 패드가 디스플레이된다. 학생의 번호순으로 정렬되며 30개까지 보여진다. 만약 30개를 초과할 경우, 좌/우측에 있는 화살표 버튼을 활용하여 이동할 수 있다.
4	확대하기	특정 패드 화면을 확대해서 볼 수 있는 기능이다.
5	삭제 버튼	패드 모아보기 화면을 삭제할 수 있는 버튼이다. 해당 버튼을 클릭하면 패드 모아보기 화면이 사라진다.

S. 배경화면 설정

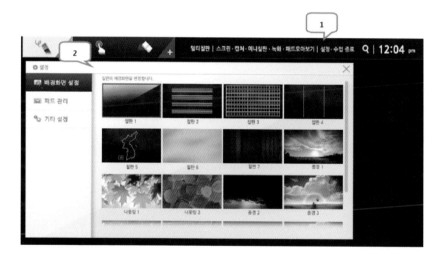

번호	이름	내용
1	설정 버튼	스쿨박스의 다양한 항목들을 설정할 수 있는 기능이다. 해당 버튼은 그림과 같이 우측 상단에 위치한다.
2	배경화면 설정	1번 버튼을 클릭하면 그림과 같이 배경화면 설정 기능이 바로 보여진다. 전자칠판의 배경 화면을 설정할 수 있는 기능으로 학습에 도움을 줄 수 있는 다양한 화면이 포함되어 있다. 원하는 배경 이미지를 클릭하면 배경화면에 이미지가 적용되어 보여진다. 원하는 배경을 설정한 후, 우측 상단의 X를 클릭하면 설정 창이 사라진다.

5. 기대되는 효과

- 디지털 방식의 판서로 저장과 활용이 용이하다.
- 사용자 간 실시간 자료 전송기능을 제공하여, 학생들에게 동기를 부여하고 적극 적인 학습 참여를 유도할 수 있다.
- 실시간 화면 공유로 인하여 교실 내의 물리적인 거리에 제약받지 않고 선생님과 학생들에게 수업의 효율성을 극대화시켜 준다.

6. 구성의 특징적인 사항

- Windows O/S(칠판) 환경과 네트워크 활성화 필요, 칠판과 패드가 네트워크 연 결이 되어야 하기 때문에 네트워크 환경에 문제가 발생할 경우 스쿨박스의 모든 기능을 사용할 수 없음
- 강의자와 학습자 간의 흥미로운 수업 활동 지원, 일방적으로 진행되었던 수업 진행 방식을 탈피하여 학습자들이 주도적으로 수업에 참여할 수 있는 환경 제공

02 스마트학교 통합솔루션

첫마을 6개 학교를 홈페이지, 시설물 관제, 학사행정 등 종합적으로 서비스하는 통합 솔루션[19]이다.

1. 목적

포털 서비스를 바탕으로 홈페이지, 시설물 관제, 학사행정 등의 학교 행정에 필요한 종 합 서비스를 제공한다.

---

19) 하나유에스아이에서 개발(방철 대표, www.hanausi.com)

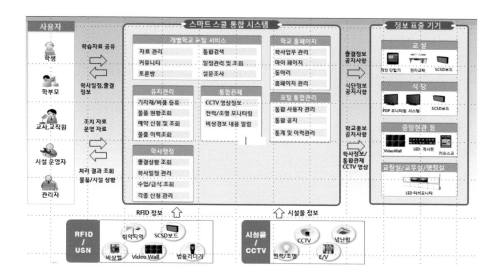

2. 포털서비스

A. 구성장비 내역

구분	기능	제원
H/W	• Web 서버 2대 : IBM x3650M3 • Was 서버 2대 : IBM x3650M3	• 3.46 GHz 12core, 메모리 24 GB, DISK 146 GB 2개 • 1000BASE-TX 4Port(온보드), 광통신 Gigabit 2Port PCIe Card 2개 • Fiber-Channel 4/8 Gbps 2Port Card 2개
S/W	• 스마트학교 통합 솔루션 스마트포탈/유지관리/학사행정관리 서비스 시스템	• 프로그래밍 언어 : Java/Jsp, 전자정부프레임워크 • OS : Unix (Linux 가능) • DB : 상용 DB 사용 • 서비스 내역 – 포탈/유지관리/학사행정 서비스 제공 – SCSD보드, 모니터링 장비 연동 – RFID 연계 – 시설물통합 관제 웹 서비스

B. 장점 및 단점

장점	단점
• 사용자 권한에 따른 접근 제어로 자료의 보안성 확보 • 한 번의 로그인으로 여러 시스템의 기능을 이용 가능하도록 편의성 제공 • 개인 역할에 맞는 서비스와 정보 제공 • SCSD보드, 모니터링 장비들과의 연동으로 다양한 장치를 통해 개인 맞춤정보 제공 • RFID 태그를 통한 사용자 인식의 편성 제공	• 전자학생증/교직원증을 통해 개인을 인식하여 정보 제공 시, 정보가 공개적으로 표시될 수 있어 개인정보 보호에 민감할 수 있음 • 학사정보관리의 경우 현재 학교에서 사용 중인 NEIS와 중복되는 부분이있어 사용자 편의를 위해 연동 등이 필요하나 현재로서는 보안 문제 등으로 연동이 불가함

C. 용도 및 사용방법

용도	사용방법
• 스마트학교 통합 솔루션은 포털/ 홈페이지 등의 시스템에 대한 통합로그인 제공 • 학사행정관리, SCSD 보드 및 모니 터링 장비와의 연동을 통한 정보제 공 등 교사/학생/학부모의 학교생활에 대한 다양한 정보를 통합적으로 제공함	• 교직원/학생의 경우 ID관리 절차에 따라 ID생성 제공 • 학부모의 경우 실명인증, 회원정보입력, 자녀정보등록/승인을 통해 스마트학교 포털에 회원 가입하여 이용 • 학생/학부모, 교직원, 학교별관리자, 통합관리자 역할에 따른 서비스 이용 • 통합관리자는 전체 시스템을 관리할 수 있고 학교별 관리자는 해당 학교의 관리 기능을 사용함

D. 사용 설명

- PC의 브라우저를 구동하여 URL창에 http://portal.sje.go.kr으로 입력
- 스마트학교 통합 시스템에 접근하여 사용자 로그인 후 사용
- 학생/학부모의 경우 ID/PW를 입력하여 로그인하고, 교사의 경우 GPKI 인증서를 통해 로그인함
- 스마트학교 포털 학생/학부모 기능

대분류	중분류	설명	비고
시간표		개인 시간표 조회, 교과수업 출석 여부	
신청하기		항목에 따른 선택 신청, 처리상태 확인	
상담하기		선생님들과 상담, 상담결과 보기	
출결사항		전자학생증을 통한 자동 출결, 개인별 출결 현황 확인	
상·벌점		상·벌점 내역 확인	유치원,초등학교 제외
급식		전자학생증을 통한 급식 여부, 급식 현황 확인	유치원,초등학교 제외
공지사항	공지사항	학교의 공지사항 확인	
	메세지	포털 메세지	
학교일정		학교 일정 확인	

• 스마트학교 담임선생님-교과목선생님 기능

대분류	중분류	설명	비고
시간표	시간표(개인)	개인별 시간표 표출, 전달사항 입력, 과목별 출결 현황	
	반별시간표	반별 시간표 표출, 전달사항 확인	교과목선생님 제외
신청하기	수시신청	항목에 따른 선택 신청	
	수시신청(반별)	반별 수시신청 현황	교과목선생님 제외
	기자재/비품신청	글쓰기, 처리상태 확인	
	수시신청등록/현황	글쓰기, 승인관리, 처리상태 관리	교과목선생님 제외
상담하기		학생 상담 관리, 상담결과쓰기, 상담이력 보기	
출결사항		반별 출결 사항 조회 및 통계	교과목선생님 제외
상·벌점	상·벌점	상·벌점 주기, 상·벌점 내역 리스트	
	반별 상·벌점 현황	반별 상·벌점 현황 및 통계	교과목선생님 제외
급식	급식현황(개인)	전자학생증을 통한 급식 여부 확인	
	반별급식현황	반별 급식 현황 및 통계	교과목선생님 제외
	무상급식관리	무상급식대상자 관리	교과목선생님 제외
공지사항	공지사항	학교의 공지사항 확인	
	메시지	포털메시지	
학교일정		학교 일정 확인	
학생관리		학생 정보 확인 및 개별 등록가능	교과목선생님 제외
학부모승인		자녀를 둔 학부모 정보를 확인하여 솔루션 이용을 가능하도록 함	교과목선생님 제외

E. 기대되는 효과

• RFID 전자학생증/교직원증을 태깅하여 편리하게 개인을 인식하여 개인에 맞는 콘텐츠를 제공하고 개인정보 확인에 필요한 절차를 간소화함으로써 사용성을 향상시킴

• 인터넷에 익숙한 학생들에게 웹을 통해 포털 및 학사행정 서비스를 제공함으로써 편리하게 이용할 수 있음

F. 발전방향

• NEIS와의 연동을 통한 학사행정 기초정보가 자동 입력되도록 하여 시스템 사용성을 높이고 활용도를 높임

• 모바일 인프라 기반을 마련 후 모바일을 통한 학사행정 서비스 제공

G. 주요 콘텐츠 화면

학생-학부모 화면

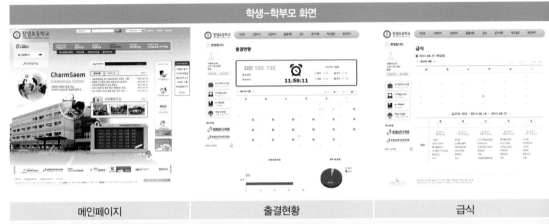

| 메인페이지 | 출결현황 | 급식 |

▶ 시간표, 신청하기, 상담하기, 출결현황, 상벌점, 급식, 공지사항, 학교일정 표출

학교관리자 화면

| 화면 접속 시 | 학교홈페이지 운영 | 학사행정관리 |

▶ 학교홈페이지운영, 시설물통합관리, 학사행정관리, 회원관리 표출

학생-학부모 화면

| 메인페이지 | 출결현황 | 급식 |

▶ 시간표, 신청하기, 상담하기, 출결현황, 상벌점, 급식, 공지사항, 학교일정 표출

3. 학교 홈페이지

A. 구성장비 내역(기능 및 제원)

구분	기능	제원
H/W	• 홈페이지 Web/WAS 서버 : IBM x3650M3	• 3.46 GHz 12core, 메모리 24 GB, DISK 146 GB 2개 • 1000BASE-TX 4Port(온보드), 광통신 Gigabit 2Port PCIe Card 2개 • Fiber-Channel 4/8 Gbps 2Port Card 2개
S/W	• 토마토스쿨 홈빌더 – 한솔고등학교, 한솔중학교, 참샘초등학교, 참샘유치원, 한솔초등학교, 한솔유치원 홈페이지 구축 – 홈페이지 제작을 위한 홈페이지 빌더 구축 – 학교 홈페이지 통합운영 환경 구축	• 프로그래밍 언어 : Java/Jsp • OS : Unix (Linux 가능) • DB : 상용 DB

B. 장점 및 단점

장점	단점
• 홈빌더를 적용 구축하여 신규 기능을 추가하고자 할 경우 템플릿에 제공하는 기능을 추가하여 손쉽게 추가가 가능 • 웹표준, 웹접근성, 웹보안지침을 준수한 완전한 표준관리 적용 • 상호 운용성, 정보의 공동활용, 시스템의 효율성 및 정보접근을 위한 기술적 편의성 등에 대한 최신 정보기술 적용 • 스마트 포탈시스템과 회원 연동하여 통합 인증시스템 운영, 개인정보 안정성 확보 및 보안성 확보 • 단위학교 특색에 맞는 맞춤형 홈페이지 관리 및 운영체제 지원으로 개별 학교특색 구현 및 관리운영	홈빌더를 통해 기능을 생성 시 디자인적인 면에서 다소 배려하지 못함

C. 용도 및 사용방법

용도	사용방법
• 한솔 유치원/초/중/고등학교, 참샘 유치원/초등학교의 홈페이지 서비스 – 학교소개 및 안내, 홍보 – 학생/교사 커뮤니티 – 지역주민 시설물 사용 신청	• 웹 호스팅 방식 홈페이지 운영 • 커뮤니티, 시설예약 등은 로그인하여 사용 • 학부모, 일반회원은 스마트학교통합시스템을 통한 통합 회원가입하고 학생/교사는 회원가입 절차에 따라 ID부여

D. 사용 설명

• PC의 브라우저를 구동하여 각 학교별 홈페이지의 주소를 URL창에 입력하여 각 학교별 홈페이지 메인화면에 접속하거나 스마트학교 통합 시스템(http://portal.

sje.go.kr)에 접속하여 해당 학교 이미지를 클릭하여 홈페이지 메인화면으로 이동. 또한 스마트학교 통합 시스템에 로그인한 경우 상단메뉴의 바로가기를 이용해 접속할 수 있음

• 각 학교별 도메인은 다음과 같다.

학교명	도메인(학교 URL 주소)
한솔유치원	www.sjhansol.kg.kr
한솔초등학교	www.sjhansol.es.kr
한솔중학교	www.sjhansol.ms.kr
한솔고등학교	www.sjhansol.hs.kr
참샘유치원	www.chamsem.kg.kr
참샘초등학교	www.charmsaem.es.kr

• 로그인이 필요한 서비스는 실명인증, 회원정보 입력한 후 스마트학교 포털에 회원가입하여 아이디/패드워드를 입력한 후 로그인하여 이용
• 학교급별 홈페이지의 기본 기능은 다음과 같다.

초/중/고등학교

구분	대분류	소분류	설명
메뉴 (콘텐츠구성)	학교소개 school info	학교장인사말	사진 포함, 학교장 인사말
		학교상징	학교상징(교화 등)
		교육목표	학교 교육목표
		학교연혁	학교연혁
		학교현황	학교현황
		교직원현황	교직원현황
		학교위치	학교위치
	학교소식 school news	공지사항	일반 공지게시판
		가정통신문	일반 공지게시판
		포토뉴스	포토 게시게시판
		월중행사	특수 게시판
		전입학안내	Q&A형 게시판
구분	대분류	소분류	설명

(계속)

메뉴 (콘텐츠구성)	교육활동 activities	연간학사일정		연간학사행정
		교육과정		교육과정
		보건자료실		보건/건강관리정보자료
		급식게시판		급식관련자료
		사이버상담실		상담형 특수게시판
		사이버토론방		주제-토론형 특수게시판
		설문조사		설문조사용 특수게시판
		오늘의 한마디		특수 게시판
		UCC마당		동영상, 사진 게시판
		학생회		학생회 소식
	학생마당 students	학생생활규정		학생생활규정
		봉사활동안내		봉사활동안내용
		방과후활동		방과후활동 안내
		열린게시판		자유게시판, 방명록
		MY PAGE	개인자료함	개인자료함
			쪽지관리	쪽지관리
	선생님공간 teachers	알림방		교사로그인 시(전용)
		주간업무계획		교사로그인 시(전용)
		업무혁신자료실		교사로그인 시(전용)
	진학정보 entrance	대학입시정보		대학입시정보
		학습자료		대입시 관련 기출문제 등
		대학입시정보		정보공개 안내
	교육행정 administration	학교운영위원회		학교운영위원회 활동
		행정실공지		민원안내/예결산사항 등
		제안/건의함		제안/건의함
		학교시설이용		내외부인 시설이용 신청
	커뮤니티 community	커뮤니티(학급홈/동아리 등)		커뮤니티(학급홈/동아리 등)
서비스	–	통합검색		홈페이지 내 검색
		방문자 통계		방문자 통계(실시간/누계)
		이용약관		이용약관
		개인정보보호방침		개인정보보호방침
		저작권보호정책		저작권보호정책
		이메일주소무단수집거부		이메일주소무단수집거부
		사이트맵		사이트맵
		About Our School		학교 영문소개페이지

유치원

구분	대분류	소분류	설명
메뉴 (콘텐츠구성)	유치원소개 information	유치원소개	유치원소개
		교육목표	학교 교육목표
		유치원현황	학교현황
		선생님소개	교직원현황
		유치원위치	학교위치
	유치원뉴스 news	유치원소개	일반 공지게시판
		가정통신문	일반 공지게시판
		포토뉴스	포토 게시게시판
		월중행사	특수 게시판
		입학안내	Q&A형 게시판
		일반 공지게시판	일반 공지게시판
	유치원활동 activities	활동자료실	교육활동자료실
		건강자료실	보건, 건강자료실
		급식게시판	급식게시판, 자료실
	우리반 students	파랑반(임시명)	우리반은?
			알려드려요
			도란도란
			찰칵찰칵
			주간교육계획
		노랑반(임시명)	
		빨강반(임시명)	
		초록반(임시명)	
		보라반(임시명)	
	학부모공간 parents	궁금해요	궁금해요
		정보나눔방	댓글형 게시판
		열린게시판	댓글형 게시판
	통합검색		홈페이지 내 검색
서비스	–	이용약관	이용약관
		개인정보보호방침	개인정보보호방침
		저작권보호정책	저작권보호정책
		이메일주소무단수집거부	이메일주소무단수집거부
		사이트맵	사이트맵
		About Our School	유치원 영문소개

학교별 홈페이지 관리자 기능

구분	기능	설명
메뉴관리	메뉴관리	• 대메뉴 등록, 수정, 삭제, 정렬, 감추기 기능 제공 • 대메뉴 이미지 관리 기능 제공 • 서브메뉴 등록, 수정, 삭제, 정렬, 감추기 기능 제공 • 메뉴별 접근권한 설정 기능 • 메뉴별 관리자 설정 기능
	배너관리	• 배너 이미지 등록 기능 • 배너 링크 설정 기능 • 배너 정렬 기능 • 배너 이동형태(새창, 현재창) 설정 기능
	팝업관리	• 팝업창 크기, 위치, 기간 설정 기능 • 다양한 팝업 템플릿 기능 • 미리보기 기능 • 통합공지 팝업 기능
	퀵메뉴 관리	• 퀵메뉴 등록/수정/삭제/정렬 기능
디자인 관리	메인 콘텐츠 관리	• 현재 메인 콘텐츠 구성 표시 기능 • HTML 작성 기능, 미리보기 기능 제공
	메인이미지 관리	• 현재 메인 콘텐츠 구성 표시 기능 • 텍스트 등록 기능 • 메인 이미지 등록 기능
회원관리	회원정보관리	• 회원현황 목록 및 정렬 기능 • 학년, 반, 아이디, 이름, 회원등급별 검색 기능
커뮤니티 관리	커뮤니티 관리	• 커뮤니티 목록 제공 • 분류, 상태, 이름, 운영자 등 다양한 검색 기능 제공 • 커뮤니티 생성/폐쇄 기능 제공
	분류관리	• 커뮤니티 분류 생성/수정/삭제 기능 제공
	생성권한 관리	• 커뮤니티 생성 권한 관리 기능 제공
	오늘의 한마디	• 등록, 수정, 삭제 기능
통계	기본통계	• 회원분포 그래프, 월별 접속 통계
	일별 접속 통계	• 일별 접속 통계 출력/저장 기능 제공
	회원별 접속통계	• 통계기간 설정, 회원별 접속 통계 기능

(계속)

구분	기능	설명
자료관리	통합검색	• 전체사이트 통합검색
	유해단어 필터링	• 유해단어 차단 필터링 기능 제공
	서비스 정책	• 회원가입 후 즉시 서비스 이용 가능 • 인증 후 서비스 이용 가능
	기본정보관리	• 학교이름, 관리자 정보 등록 기능 제공 • 브라우저 타이틀 변경 기능 제공 • Copyright 변경 기능 • 회원가입약관 변경 기능
	개인정보보호정책	• 개인정보보호정책 내용 등록/수정 편집기능
	저작권보호규정	• 저작권보호규정 등록/수정 편집기능

거점센터 통합관리자 기능

구분	기능	설명
교육청 통합관리	학교홈페이지 웹호스팅 관리	• 학교홈페이지 개설/폐쇄 관리 • 학교홈페이지 이력관리 • 학교별 홈페이지 통계기능 • 학교별 디스크 할당 용량 관리
	학교관리자 커뮤니티 및 운영 지원	• 홈페이지 관리 및 운영정보 자료실 • 홈페이지 관리 및 운영정보 자료실
	통합공지기능	• 교육청 소식 등 통합공지사항 등록기능 • 통합 팝업관리/배너 등록 기능 지원 • 학교홈페이지 관리자 페이지와 연동 기능

E. 기대되는 효과

- 사이버 상담실을 통한 학생들의 고민과 학교폭력 사전예방
- 교육적으로 활용이 가능한 콘텐츠를 VOD 서비스로 제공하여 학생들이 활용할 수 있도록 함
- 홈페이지를 통해 스마트학교이 적용된 학교를 대외적으로 홍보함으로써 학교에 대한 이미지 및 신뢰도 향상
- 교사, 학생들의 온라인 커뮤니티 활동 지원으로 교사와 학생 간 의사소통 원활히 함
- 지역주민들이 회원 가입하여 학교 시설물을 예약 이용할 수 있으므로 학교의 지역사회에 기여할 수 있음

- 유치원의 경우 학부모가 각 교실에 설치된 흥미학습카메라를 통해 자녀의 학습하는 모습을 실시간으로 확인할 수 있으므로 자녀 및 학부모 모두 안심하는 학습환경을 제공할 수 있음

F. 발전방향

- 홈빌더를 통한 홈페이지 제작 및 웹호스팅 운영으로 보다 많은 학교에 손쉽게 홈페이지 서비스 제공이 가능함
- 테마별 다양한 디자인 템플릿을 제공하여 홈페이지 구성의 질을 높임
- VOD 서비스를 통해 학교에서 직접 제작한 다양한 교육용 콘텐츠 제공

G. 구성의 특징적인 사항

- 홈빌더 템플릿을 이용한 각 학교별 특색을 반영한 디자인/메뉴 구성
- 하나의 시스템에 각 학교별 도메인을 통해 접속하는 웹호스팅 방식의 서비스
- 스마트학교 통합 시스템을 통한 사용자 통합관리 및 SSO 통합 로그인 제공웹접근성 적용
- 홈페이지 보안성 강화
- 호환성 및 표준화

H. 참샘초등학교 메인화면

4. 시설물통합관제 서비스

A. 구성장비 내역

구분	기능	제원
H/W	• 통합관제 Server : IBM × 3650M3 4대 • 스마트학교통합솔루션 WEB 서버(시설물통합관제 웹서비스용) 　: IBM × 3650M3 2대 • 스마트학교통합솔루션 WAS 서버(시설물통합관제 웹서비스용) 　: IBM x3650M3 2대	• 3.46 GHz 12core, 메모리 32 GB, DISK 146 GB 2개 • 1000BASE-TX 4Port(온보드), 광통신 Gigabit 2Port PCIe Card 2개 • Fiber-Channel 4/8 Gbps 2Port Card 2개
S/W	• 시설물통합관제 S/W(C/S) • 스마트학교통합솔루션 내 시설물통합관제 웹 메뉴	• CCTV, 전력, 소방, 냉난방, E/V,급배수, 환기

B. 장점 및 단점

장점	단점
• 각 학교 시설물을 원격으로 통합 점검 및 제어하여 효율적인 시설물 관리 • 학교 취약지역 RFID기술을 이용한 CCTV부문 시설물 통합 솔루션과 연동하여 학교 폭력 예방	• CCTV, 전력, 소방, 냉난방, E/V,급배수, 환기

C. 용도 및 운영방법

용도	운영(사용) 방법
• 각 학교내 시설물 통합 모니터링 및 제어 　- 대상시설물 　　실내CCTV, 취약지역, 조명, 　　급배수, CCTV (RFID연동), 　　E/V, 소방, 전력, 환기	• CCTV, 전력, 소방, 냉난방, E/V,급배수, 환기 　- 교장실/행정실 • 첫마을 전체학교 관리자 　- 거점센터 • C/S : 대상 시설물에 대한 모니터링 또는 제어 • 웹 : 스마트학교통합솔루션의 시설물관제를 통해 대상 시설물에 대한 모니터링, 이력관리 및 교내/유관기관 비상 연락 관리

D. 기대효과

- 운영자 주 업무공간에서 통합된 시설물 관리로 보다 빠른 비상 상황 대처
- 학교 내 시설물 이력 관리를 데이터베이스화하여 효율적인 시설물 관리
- 시설물 내 비상 신호를 비상 연락처에 기입된 교내 담당자에게 SMS를 통해 상황 발생시 전송하거나 화면에 빠르게 표출하여 신속히 비상 상황 대처

- 학교 내 취약지역에 설치된 RFID와 연동되는 CCTV를 설치하여 취약지역 RFID 존에 학생이 있을 경우 모니터링 시스템 내 해당 CCTV를 표출함으로써 학교 내 폭력을 예방

E. 발전방향

- 운영자 핸드폰 또는 전자패드에 시설물 통합 관제 서비스 시스템 구축
- 웹에서 C/S 제어가 가능하도록 하여 언제 어디서나 접근 가능한 시스템 구축
- RFID 감지거리 향상 및 OTP(One Time Programming)로 태그를 프로그램하여 데이터 위·변조 불가능하게 하여 보안 유지

F. 시설물 통합 관제도

03 전자칠판 및 전자교탁

1. 목적

멀티미디어 자료 및 콘텐츠를 화면에 표출하여 보다 원활하고 편리하게 수업이 가능하도록 지원한다.

2. 구성장비 내역

구분	기능	제원
H/W	• 전자칠판 　- 2D/3D 콘텐츠 지원 　- IPTV 연계 기능 　- 다중 멀티 터치센서 지원 　- 사용자가 원하는 교수학습자료(동영상,이미지)를 불러와 크기 및 회전을 자유롭게 변경 지원(WIN7 멀티 터치 지원) 　- 실물화상기 연동 기능 • 전자교탁 입식(앰프 포함) 　- 통합콘트롤러(앰프,TV튜너내장)에 전동스크린, 빔프로젝터, 방송장치를 연계하여 제어 　- 높낮이 조절기능 적용 • 전자교탁 좌식(앰프 포함) 　- 통합콘트롤러(앰프,TV튜너내장)에 전동스크린, 빔프로젝터, 방송장치를 연계하여 제어 • 전자교탁 좌식(앰프 미포함) 　- 통합콘트롤러에 전동스크린, 빔프로젝터, 방송장치를 연계하여 제어	• 전자칠판(72인치, 65인치) 　- LED(강화유리 포함) 3D 72 inch, 65 inch 　- 편광 또는 셔터 글라스 방식 　- 응답속도 : 1 ms 이내 　- 해상도 : Full HD (1920 × 1080) 　- Plug & Play 방식 　- 판서도구 : 손과 기타도구 　- HDMI : 2개 이상 　- HD 원격 화상교육을 위한 HD-CAM (1280 × 720/30fps) 기본 내장 • 전자칠판 프레임(72인치) 　- 외형 : 5032 × 450 × 2300 　- 양면LPM 마감 　- 다이캐스팅 스크린 레일 　- 일체형 게시판보드 1개, 범랑 화이트보드 2개, 화이트보드 1개 　- 상부 스피커커버 2개 　- 주요부 2.0t 이상 ABS엣지 사용 　- 핸드리스 스타일 도어 　- 자석 부착식 패브릭 게시판 　- 단말기 보관 및 충전함 내장(전원 차단장치 내장)

(계속)

구분	기능	제원

		• 전자칠판 프레임(65인치)
		  – 소재: 외형가구, 스틸
		  – 이동형 캐스터가 보이지 않는 숨김형 받침, 몸체를 고정할 수 있는 고정형 스톱퍼
		  – 구성품: 구즈넥+무선MIC, 앰프, 무선 MIC 수신기, 900 MHz 34채널 이상 가변형, 주파수, 스위치잠금, 수신거리조절, 스피커 120 W, 40~20KHz 2개 내장
		• 3D 안경
		  – LED 3D 72인치, 65인치 전자칠판용 안경
		  – 편광방식, 비충전식 안경
		• 전자교탁 입식(앰프 포함)
		  – 이동식 전자교탁 내에 중앙집중형 통합콘트롤러(앰프, TV튜너내장), 강의용 모니터, 셋톱박스(i3-2100, 4 G, 1 TB) 전자교탁 S/W가 포함
		  – 900 MHz 무선마이크
		• 전자교탁 좌식(앰프 포함)
		  – 전자교탁 내에 중앙집중형 통합콘트롤러(앰프,TV튜너내장), 강의용 모니터, 셋톱박스(i3-2100, 4 G, 1 TB), 전자교탁 S/W가 포함
		• 전자교탁 좌식(앰프 미포함)
		  – 전자교탁 내에 중앙집중형 통합콘트롤러, 강의용 모니터, 셋톱박스(i3-2100, 4 G, 1 TB), 전자교탁 S/W가 포함

S/W	• 멘토펜 2.0 – 컴퓨터의 모니터 화면에 직접 글을 쓰거나, 그림을 그리거나, 화면을 저장하는 등 다양한 동작을 할 수 있고, 어떠한 어플리케이션상이라도 판서가 가능	

3. 장점 및 단점

장점	단점

• 기능적 측면
(1) 전자칠판
  – 개인용 단말기의 보관 및 충전을 위한 단말기 보관함 설치
  – 누전차단기를 탑재하여 안정성 강화
  – 학생신장을 고려한 이동식 가구형 전자칠판 프레임 도입
  – IPTV와 전자칠판을 연계한 수업이 가능하도록 구축
(2) 전자교탁
  – 전자교탁 입식은 높낮이 조절 가능
  – 상부 테이블의 경사구조로 편한 모니터 읽기 시야 확보
  – 구즈넥 마이크를 사용하여 편리한 강의
	• 멀티미디어 콘텐츠 활용을 위한 교육 필요
	  – 전자칠판 및 교탁이 지원하는 멀티미디어 강의 및 학습교재를 제작기능을 활용하기 위해서는 교사와 학생에 대한 충분한 교육이 필요
	• 판서프로그램의 지속적 업그레이드 필요
	  – UI 개선을 통한 편리한 사용지원
	  – 교사와 학생의 요구사항을 반영한 기능 추가

4. 기대효과

A. 학습효과 상승

- 멀티미디어 장비를 활용한 수업이 가능하여, 학생의 학습효과 상승
- 자기 주도적, 수준별 맞춤교육, 반복학습이 가능

B. 다양한 멀티미디어 교재 활용 가능

- 동영상, 플래쉬, 웹, 파워포인트, 애니메이션 등 다양한 콘텐츠 활용

C. 편리하고 효율적의 강의 실현

- 전자칠판이 지원하는 판서프로그램을 활용하여 멀티미디어 강의 가능

D. 쾌적한 교육환경

- 분필이 필요 없는 교실환경 가능

5. 주요 장비 화면

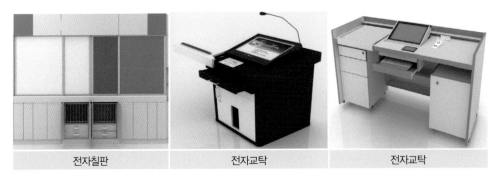

| 전자칠판 | 전자교탁 | 전자교탁 |

04 SCSD(Smart Class Safety Display) 시스템

1. 목적

선생님 및 학생이 언제든지 학생증/교직원증을 통하여 본인의 시간표, 학사일정, 식단, 메시지, 상 · 벌점 및 출결사항 등 수업에 필요한 정보 확인이 가능하도록 표출한다.

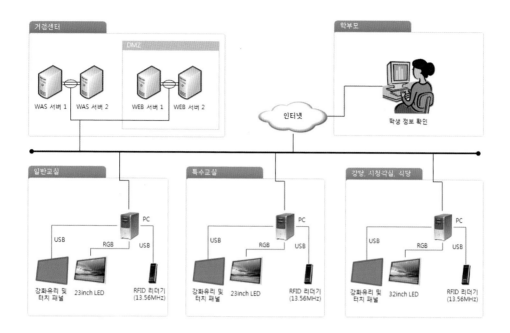

2. 구성장비 내역

구분	기능	제원
H/W	· 23inch, 32inch Touch Display · 전자학생증 인식 (RFID 13.56 MHz)	· 모니터: 23 inch WIDE LED(강화유리 포함) 방식: 170개 · 모니터: 32 inch WIDE LED(강화유리 포함) 방식: 11개 · 응답속도: 5ms 이내 · 해상도: Full HD · RFID 리더기(13.56 MHz) · 어떤 OS에서도 고감도 터치센서 지원 · CPU: Intel Core i5 3.1 GHz · 메모리(RAM)용량: 2(DDR3) GB · 하드디스크(HDD)용량: 470 GB · 랜카드: LAN/1 Gbps, Wireless IEEE 802.11n
S/W	· PC OS · 스마트학교 학사행정관리 연동	· Windows7 Home Premium · 자동 출결/출석 처리 · 자동 급식처리 · 공지사항 제공 · 학사정보 제공

3. 장점 및 단점

장점	단점
• 23, 32 inch WIDE LED패널(강화유리 포함)에 감압식 터치내장 Dispaly, 최신 사양 PC, RFID 13.56 MHz 리더로 구성 • 설치 위치에 따라 가구형, 일체형으로 구분하여 제작 및 설치	• 터치를 통해서만 입력이 가능하여 입력 UI가 사용자에게 제한적

4. 용도 및 사용방법

용도	사용방법
• 공지사항 등 정보 제공 • RFID 전자학생증 태깅을 통한 사용자 식별 • 출결, 급식처리 및 개인 학사정보 제공	• 평상시 공지사항 등 메시지 정보 순차적 반복 표시 • RFID 전자학생증 태깅 시 사용자를 식별 • 메뉴별 터치를 통한 개인 학사정보 확인

A. 응용솔루션과의 주요 연계 기능

구분	기능	설명
평상시	공지사항	• 학교에서 게시한 공지사항 제공
	현재시각	• 현재시간 표시
RFID태깅_학생 / RFID태깅_교사	시간표	• 개인별 주간 시간표 표시 및 오늘 표시 • 전주/다음주 조회 가능
	학사일정	• 금월 학사일정을 달력으로 표시, 전월/차월 조회 가능
	식단	• 금일: 오후 1시30분까지 점심식단 표시, 이후 저녁식단 표시 • 주간: 주간 식단 표시 및 오늘 표시
	쪽지	• 미확인 메시지 건수 표시 • 해당 학생에게 온 쪽지목록 및 상세조회
	상벌점	• 자신에게 부여된 상벌점 년간/월간 누적현황 • 자신에게 부여된 상벌점 목록 제공

5. 기대효과

A. 시스템화된 출결정보를 관리하여 교사/학부모/학생에게 포탈을 통해 서비스 제공 가능

B. SCSD 보드를 통해 학생의 학사정보를 편리하게 조회

C. 정보 디스플레이 위주 서비스에서 사용자 입력을 받아 양방향 서비스로 확대

6. 주요 콘텐츠 화면 및 장비사진

A. 교사 SCSD 보드 태깅 시 학사정보 제공 화면

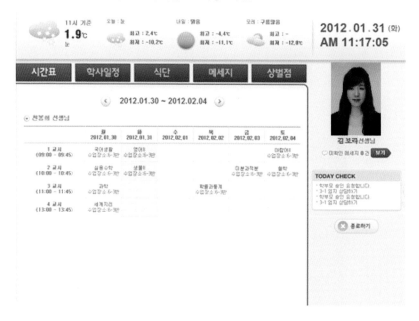

B. 학생 SCSD 보드 태깅 시 학사정보 제공 화면

C. 23 inch SCSD 보드 - 가구형 설치 사진

05 도서관리시스템

1. 목적

RFID 도서 Tag를 활용하여 무선기기를 통한 효율적인 도서관리와 자가대출/반납이 가능하도록 구현한다.

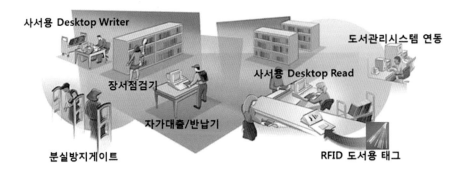

2. 구성장비 내역

A. 도서 도난방지

구분	기능
도난 방지 게이트	• 도서관 출구에 설치되어 경광등 및 경고음을 발생으로 열람실 내부의 보안을 제공 • 태그를 활성화하는 주파수를 생성하며 태그 정보를 무선으로 인식 • 두 대의 도난방지게이트를 통해 태그 감지 범위를 조절하여 출구의 보안을 유지

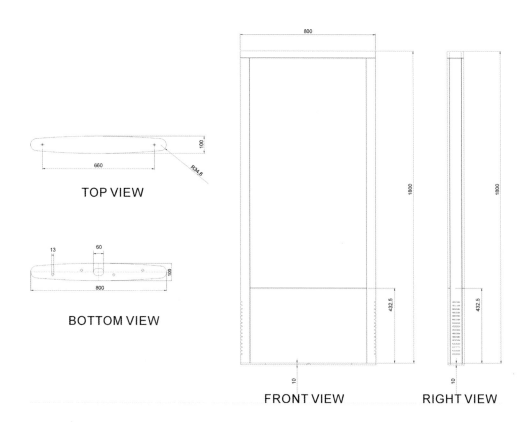

TOP VIEW

BOTTOM VIEW

FRONT VIEW

RIGHT VIEW

B. 유인 도서 대출/반납

구분	기능
사서용 Desktop Read/ Writer	• 도서관 직원을 위한 인터페이스 • 도서관 직원을 위한 인터페이스 • 기존의 바코드 시스템과 RFID 태그가 부착된 도서로 대출/반납 업무 처리 • 태그 Write기능을 이용하여 태그에 기관코드, 등록번호를 기록

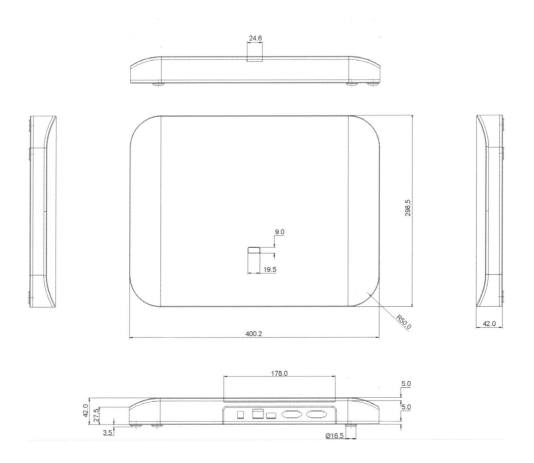

C. 자가 대출/반납

구분	기능
자가대출/ 반납기	• 이용자들이 도서관 직원의 도움을 받지 않고 도서관 자료를 대출/반납 처리 • 그래픽 유저 인터페이스(GUI), 터치스크린을 이용하여 처리 • 이용자 카드는 바코드 리더, 스마트카드 리더를 통하여 인식 • 대출/반납한 도서목록, 반납일을 기록한 확인증 인쇄하여 발급

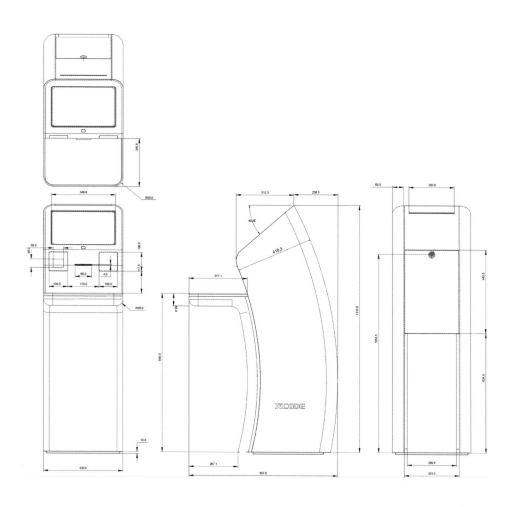

D. 장서점검 기능

구분	기능
장서 점검기	• 도서의 재고를 파악 • 오배열 목록을 점검 • 제자리에 보관되지 않은 도서 추적 • 수집된 결과 데이터는 특정 PC에 USB로 연결하여 해당 데이터를 다운로드

윗면   정면   측면   밑면

E. 도서용 TAG

구분	기능
도서용 Tag	• 도서용 은닉 태그는 도서에 은닉, 이용자가 인식하지 못함 • 태그 훼손 및 분실 위험을 낮춤

F. 도서관리시스템 연동

구분	기능
도서관리 시스템 연동프로그램	• 도서관리시스템과 SIP2 프로토콜 통신 • 통신데이터는 AES 암호화 • 도서, 이용자 검색, 대출/반납 업무 처리 연동 • RFID 장비의 통합 관리 및 이용자 출입 통계 기능을 수행 • RFID 시스템의 핵심 S/W • 도서관리 시스템과 RFID 장비가 상호 독립적으로 운영

3. 장점 및 단점

A. 자가대출/반납기능

장점	단점

1. 도서관 자동화
2. 무선 인식 기술
  • 다수 권을 한 번에 처리
  • RF 이용자 카드를 연동하여 이용자 확인 및 처리
3. GUI 인터페이스 및 터치스크린
  • 단순한 GUI 인터페이스로 이용자교육 불필요
	1. 도서관 내에서의 사서와 커뮤니케이션 단절
	2. 정보 편식이 우려될 수 있음
	3. 다른 도서관 이용자의 신분증을 가지고 대출 업무를 수행 할 수 있음

B. 도서 도난 방지기능

장점	단점

1. 도서 도난 방지
  • 알람시 경광등 및 경고음 발생.
  • 도서 등록번호, 도서명, 발생시간, 발생 위치를 관리자에게 통보
2. 개인 프라이버시 보호
  • 알람시 해당 도서에 대한 정보로이용자의 소지품 검사 등 이용자의 민원 최소화
3. 전파노출 최소화
  • 관리자 및 이용자의 건강을 고려하여 평상시는 미작동
	1. 반출자에 대해 [훔치다]라는 개념이 적용될 수 있음(→ [훔치다]의 개념에서 [처리가 되지 않은]의 개념으로 순화)
	2. 경보음에 대한 도서관 이용자의 위압감이 들 수 있음
	3. 무단반출의도를 가진 자에 대한 경보음 외에 제제할 수 있는 수단이 없음(→ 카메라를 설치하여 경보음이 울리기 전, 울린 후를 촬영하여 무단반출 의도자에 대한 제재를 보완)

C. 유인 도서 대출/반납

장점	단점
1. 바코드 시스템 호환 2. RFID 무선 범위 인식 기술로 동시에 다수권 처리 3. 전파노출 최소화	1. RFID 범위 인식 기술을 이용으로 의도치 않은 정보자료가 인식될 가능성이 있음 2. 다수권을 처리할 수 있는 장점이 있지만, 도서관 지원이 몇 권이 처리뇌었는지 알 수 있는 방법이 모호함

D. 장서점검기

장점	단점
1. 장서점검 2. 오배열 점검 3. 도서 검색(추적) • 무선 범위 인식 및 출력 조정을 통하여 도서 추적 4. 결과 저장 및 전송	1. 유선으로만 데이터를 전송할 수 있음(→ PDA의 Wifi 기능을 이용하여 장서 점검 등록번호 데이터를 서버, 또는 해당 직원의 PC로 전송 가능하도록 함) 2. 자료 찾기 기능에서 찾고자 하는 자료를 등록번호가 아닌, 서명 또는 키워드로 찾을 수 있도록 개선 필요

E. 도서용 TAG

장점	단점
1. 은닉성 • 도서의 책갈피에 은닉 • 이용자가 인식하기 어려워 Tag훼손 위험 감소 2. 안정성 • 온 · 습도 테스트, 화학적 변화 테스트 등 도서에 적용하기 위한 다양한 테스트 통과	1. 인식성능 RFID의 특성상 인체, 금속과 같은 도체에 Tag가 1cm 이내로 근접하는 경우 인식되지 않음

F. 도서관리시스템 연동

장점	단점
1. SIP2 표준 프로토콜 사용 • 타 시스템 연계 고려 • 향후 시스템 확장 고려 2. 통신 패킷을 AES로 암호화 • 개인 정보 및 데이터 보호 3. 도서관리시스템과 RFID 시스템 상호 독립적 연동으로 안정성 확보	1. 시스템 폭주시 다운된 것처럼 이용자에게 보임

4. 발전방향

A. 사용(운영) 관점

- 자동화로 인하여 도서관 관리자와 대면이 줄어들어 상호 관심이 없어지지 않도록 관계 유지와 독려 등 이용자와의 접점 개발이 필요하다.
- 독서 편식 현상으로 이용자가 자기가 좋아하는 책만 읽는 현상이 발생될 수 있으므로 관리자는 이용자의 독서 습관을 모니터링하여 적절한 독서 교육 및 동기 부여가 필요하다.

B. 기술적 발전 방향

- 향후 자동 분류장치 또는 24시간 무인 반납기를 도입하여, 늘어나는 도서관 이용자들의 불편을 해소할 수 있다.
- 스마트폰 대출 시스템, 스마트폰의 카메라 인식을 이용한 스마트 대출 앱을 개발하여, 서가에서 바로 대출 업무를 수행할 수 있도록 한다.

06 3D 가상현실체험실(VR: Virtual Reality)

1. 목적

학생이 학습 현장에 직접 방문하지 않아도 실제 환경과 유사하게 만들어진 컴퓨터 3차원 가상공간 속에서 시각, 촉각, 청각 같은 감각들을 이용하여 수업이 가능하도록 지원한다.

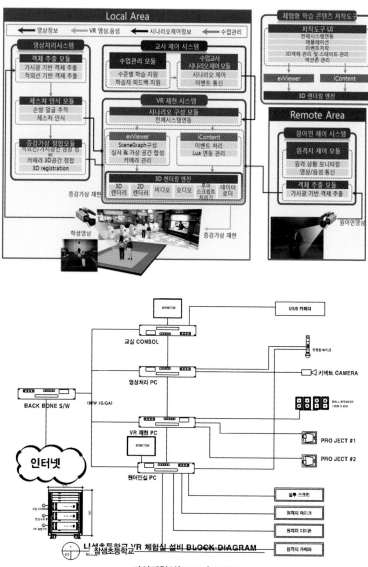

가상체험실(3D VR) 구성도

2. 구성장비 내역

구분	기능	제원
H/W	• VR 재현용 PC 1 Set • 영상 처리용 PC 1 Set • 교사용 PC 2 Set • 카메라 • 프로젝터 • 스피커 • 마이크 • 전동스크린 • Rack	• CPU: Intel Core i5 2500 MainBoard: MSI Z68A-G45 GEN3 RAM: 삼성 DDR3 4G PC3-10600 (2Gx2EA) HDD: Seagate 1 TB Barracuda 7200.12 ST3500418AS VGA: MSI GTX580 N580GTX O.C D5 1.5 GB MSI N560GTX-TI 호크 O.C D5 1 GB 트윈 프로저 3 Creative 사운드 블라스터 X-FI XTREME AUDI 모니터: 교사용 PC (SyncMaster S24A300B 이상) 키보드/ 마우스: LG 유선키보드/마우스 로지텍 LX 710 무선 2.4 Ghz 키보드/마우스 ODD: LG MULTI • MS kinect(키넥트) 카메라 1대 교사용 웹 카메라 2대(로지텍 WebCam C910) • FULL-HD 2500안시 이상 2대 • Britz BR-1000A Cuve / Britz BR-DA6000 • jammate UFO 마이크 파나소닉 RP-VC151 교육용 핀마이크 • 6000 cm × 2700 cm 매립형 전동스크린 R-EV300A.W • 렉 케이스 허브랙 P-505ST (800 mm)
S/W	• OS • 3D VR 프로그램	• OS : Windows 7 HOME 이상(PC 4 Set) • eduVR_ver3.0

3. 장점 및 단점

장점	단점
• 3D VR 대용량 영상합성 및 처리를 위한 하드웨어 구성 • 학습자 중심의 몰입형 교육 환경 제공, 자기주도적 학습시스템 • 다양한 체험형 콘텐츠 확장 • IT와 교육의 컨버전스 서비스	• 시스템의 구성과 운용이 복잡하며, 타 콘텐츠와의 호환이 용이하지 않음 • 교육과정과 목적에 부합하는 다양한 콘텐츠의 개발 및 제공이 필요함 • 3D VR 체험학습시스템의 프로그램운용을 편이하게 할 수 있는 인터페이스(교사운용환경)를 개선할 필요가 있음

4. 용도

학생과 원어민 교사가 동일한 가상공간에 합성되며 학생과 교사의 행동에 의해 인터랙티브하게 이야기가 진행되는 체험형 학습 솔루션이다.

5. 사용 설명

A. 콘텐츠명: 보스턴 VR 영어 교육 콘텐츠

B. 콘텐츠 STORY

학습자는 보스턴 공항역(Airplane)에서 Copley Station까지 가고자 한다.

지하철 역무원에게 가는 방법과 티켓가격을 영어로 물어본다. 그때 할머니가 다가와 지갑을 잃어버렸다며 찾아달라고 하면, 할머니가 설명하는 모양의 지갑을 찾아준다. 학습자가 할머니의 지갑을 찾아주게 되면 티켓을 살 수 있는 돈을 얻게 되고 그 돈으로 표를 사고 지하철을 탈 수 있게 된다.

학습자는 지하철을 타서 주위의 아주머니에게 Bowdoin으로 가는 방향이 맞는지 확인한다.

- Bowdoin으로 가는 지하철 안에서는 미니게임이 진행된다.
- 미니게임 1: 호텔 Beacon의 전화번호를 잡지에서 찾아 대답하기
- 미니게임 2: 질문을 듣고 해당되는 지하철 노선 선택하기
- 환승역인 Government Center에서 내려 Green Line의 Riverside 방면의 지하철을 탄다.
- Riverside 방면으로 가는 지하철 안에서도 미니게임이 진행된다.
- 미니게임 3: Six Famous Attraction 여행 가격을 잡지에서 찾아 대답하기
- 미니게임 4: 졸고 있던 아저씨의 질문에 대답하기
- Copley Station에 도착하면 내리는 발판을 선택하여 목적지에 내린다.

C. 콘텐츠 학습목표 및 게임설명

- 선생님의 제어: 학생이 상황에 적합한 행동을 하지 못하거나, 대응하지 못할 경우 수업진행자가 "HELP" 액션을 통해 가이드해줄 수 있으며, 올바른 응답의 경우 "NEXT" 액션을 사용하여 다음단계로 진행한다.
- 학생은 좌측의 지하철 노선도를 확인하여 좌측하단(Lechmere)과 우측하단(Riverside)의 발판을 터치하여 방향을 선택한다.
- 미니게임: 학생에게 6 famous Attraction 여행의 가격을 질문한다. 학생은 화면 상단에 나타난 잡지를 확인해서 응답한다.

- 첫 번째 정거장(Park Street)에 도착하여, 열차 문이 열린다. 학생이 내리지 않고 대기하면, 수업진행자는 "NEXT" 액션을 통해 통과한다. 만약 내릴 경우, 학생은 하단의 발판 터치를 통해 다시 승차할 수 있다.

- Copley Station 안내방송이 나오고, 좌측 의자에 앉아 졸고 있던 안경 쓴 아저씨가 이번 역이 어디인지 질문한다. 학생이 질문에 적합한 답변을 한 경우, 수업진행자는 "NEXT" 액션을 통해 다음단계로 진행한다.

- 두 번째 정거장(Copley Center)에 도착하면, 학생은 하단의 발판 터치를 통해 열차에서 하차한다(미션종료/학습종료).

6. 기대효과

A. 아이들이 주인공이 되는 체험 환경을 제공하여 스스로의 학습을 통해 습득효율 및 창의력, 탐구력, 상상력을 극대화한다.

B. 첨단 멀티미디어 IT 기술을 활용하여 실용적이면서도 효과가 큰 체험 교육환경을 제공한다.

07 거점센터(Network)

세종시에는 아직 교육정보원이 없기 때문에 첫마을 6개 학교의 교육정보원의 역할을 할 수 있는 거점센터를 한솔고등학교에 두었다.

1. 목적

외부에서의 공격 및 바이러스로부터 시스템을 보호하기 위한 보안시스템을 구성하여 교육용, 업무용, 외부서비스용으로 구분하여 서비스하며, 외부 보안장비에서 내부 백본까지 10GE 이중화로 구성하여 안정적인 네트워크 성능을 보장하도록 구성한다.

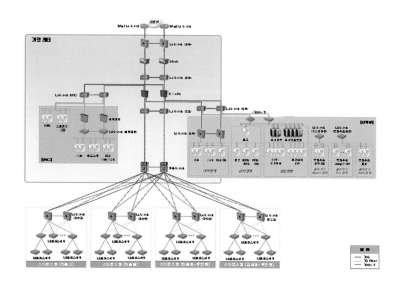

2. 구성장비 내역

구분	종류	기능	제원
N/W	백본	• Statis, RIP, OSPF 등 IP Routing • IGMP, PIM 등 Multicast Routing • Spanning Tree • VLAN Trunking, Link Aggregation • VRRP, QoS, Port mirroring • SNMP, RMON • 차세대인터넷주소체계(IPv6)	• 샤시형 슬롯 • 최대 720 Gbps 처리 성능 • 엔진 및 관리모듈 이중화 • 10 G 24 port(10 G GBIC, 멀티모드, 싱글모드) • 1G 광통신 24 port(1 G GBIC 멀티모드) • 10/100/1000Base-T 48 port • 전원장치 2개
	L4 Switch	• 서버 부하분산 • Statis, RIP, OSPF, VRRP 등 IP Routing • SNMP 및 RMON • 차세대인터넷주소체계(IPv6)	• 35 Gbps L4 처리 성능 • 동시 150만 세션 처리(HTTP) • 10 GbE 4 port(GBIC) • 10/100/1000Base-T 12 port • 전원장치 이중화
	L3 Switch -인터넷용	• Statis, RIP, OSPF 등 IP Routing • IGMP, PIM 등 Multicast Routing • Spanning Tree • VLAN Trunking, Link Aggregation • VRRP, QoS, Port mirroring • SNMP, RMON • 차세대인터넷주소체계(IPv6)	• 최대 320 Gbps 처리 성능 • 엔진 및 관리모듈 이중화 • 10 G 8 port (10 G GBIC, 멀티모드, 싱글모드) • 1 G 광통신 12 port (1 G GBIC, 멀티모드) • 10/100/1000 Base-T 48 port • 전원장치 이중화
	L3 Switch -학교용	• Statis, RIP, OSPF 등 IP Routing • IGMP, PIM 등 Multicast Routing • Spanning Tree • VLAN Trunking, Link Aggregation • VRRP, QoS, Port mirroring • SNMP, RMON • 차세대인터넷주소체계(IPv6)	• 최대 320 Gbps 처리 성능 • 엔진 및 관리모듈이중화 • 10 G 2 port[10 G GBIC 싱글모드(멀티모드: 한솔고)] • 1 G 광통신 24port (1G GBIC, 멀티모드) • 전원장치 이중화
	L2 보안 스위치	• Multicast • Spanning Tree • VLAN Trunking, Link Aggregation • QoS, Port Monitoring • SNMP I/III 지원, RMON	• 72 Gbps 처리 성능 • 1000 Base-X(광통신) 4포트 • 10/100/1000Base-T 20 포트(PoE 24port), 44포트(NonPoE 24/48port) • 전원장치 이중화
	무선 인증서버	• IEEE802.1x Standard Support • IEEE802.11i Standard Support	• CC인증(EAL4) • 1000 user 동시접속 라이선스 • 1000 user 이상 수용 가능 하드웨어 • 전원장치 이중화

(계속)

구분	종류	기능	제원

N/W	무선
	컨트롤러
		• 컨트롤러당 최대 250대 이상의 802.11a/b/
		  g/n Thin AP 지원
		• 컨트롤러당 75대 이상의 802.11a/b/g/n
		  Thin AP 라이선스 제공
		• 컨트롤러 분산처리 및 Redundancy
		• 암호화 통신 기반 관리 기능
		• 컨트롤러와 AP 간의 터널링을 통한 보안
		• 채널간섭 시 간섭신호 분석기능(스펙트럼 분석
		  기능)
		• 로밍, VLAN, SNMP 지원
		• 64bit WEP, 128bit WEP, TKIP, AES,
		  802.1×, WPA1, WPA2 지원
		• SNMP, RMON
		• 무선인증서버 연동
		• 차세대인터넷주소체계(IPv6)
			• 컨트롤러당 100대 AP 수용 라
			  이선스 제공
			• 10/100/1000 Base-T 4포트
			• 전원장치 이중화

	무선 AP	• IEEE 802.11 a/b/g/n 동시 지원
		• WMM, U-APSD, Pre-Authentication
		• 64bit/128bit WEP, TKIP, AES, WPA,
		  WPA2 지원
		• 통합관리 지원
		• AP와 컨트롤러 간의 Tunnel을 통한 보안성
		  강화 구현
		• 2.4G, 5G를 동시 지원
		• 로밍기능 제공
			• IEEE802.11 a/b/g/n 지원
			• EEE802.3af(PoE)
			• 100/1000Base-T2포트

	무선
	AP 실외
		• IEEE 802.11 a/b/g/n 동시 지원
		• WMM, U-APSD, Pre-Authentication
		• 64 bit/128 bit WEP, TKIP, AES, WPA,
		  WPA2 지원
		• 통합관리 지원
		• AP와 컨트롤러 간의 Tunnel 통신을 통한 보
		  안성 강하 구현
			• IEEE 802.11 a/b/g/n 지원
			• IEEE802.3af(PoE)
			• 100/1000Base-T1포트

	L2 스위치 –웹 방화벽용	• Spanning Tree • VLAN Trunking, Link Aggregation	• 1 G 광통신 12 port, GBIC 12 개 (멀티모드)

	L3 Switch
	–내부
		• Statis, RIP, OSPF 등 IP Routing
		• IGMP, PIM 등 Multicast Routing
		• Spanning Tree
		• VLAN Trunking, Link Aggregation
		• VRRP, QoS, Port mirroring
		• SNMP, RMON
		• 차세대인터넷주소체계(IPv6)
			• 최대 160 Gbps 처리 성능
			• 10/1 G 겸용 80포트(10 G
			  SFP GBIC 8개, 1 G SFP
			  GBIC 72개, 멀티모드)
			• 전원장치 이중화

(계속)

구분	종류	기능	제원
	F/W+ IPS	• 시간대, 네트워크, 호스트(Host) 및 서비스 별 차등 보안정책 • 네트워크 트래픽에 대한 Signature 기반 탐지 및 제어 • 네트워크 트래픽에 대한 Protocol Anomaly 탐지 및 제어 • URL 또는 URI를 이용한 유해사이트 차단 • 네트워크 주소변환(NAT) • IPSEC 호환 표준 VPN • OSPF, L3 라우팅 및 Multicast Routing(IPTV 지원) • 시스템 로그에 대하여 관리자에게 메일 통보 • 로그 저장 및 검색 • 패킷량, 세션, 서비스, 출발지, 목적지, 사용자별 통계 보고서 제공 • 차세대인터넷주소체계(IPv6) • 웜/바이러스 차단 기능 • 관리용 콘솔과 장비 간 암호화 통신 • ESM과의 연동 기능	• CC인증(EAL4) • 처리성능 10 G 이상 • 전원장치 이중화 • 10 GbE 4 Port
	웹 방화벽	• OWASP Top 10 보안 및 국가정보원 웹 서버 8대 취약점 방어 • 각종 웹해킹 유형에 대한 방어 • 개인정보 유출방지(홈페이지 및 게시판 등에 노출된 주민번호, 신용카드번호 실시간 검출 및 차단) • 네트워크, 호스트(Host) 및 서비스 별 차등 보안정책 • 임의의 Error Page를 지정하여 Error Page를 통한 정보유출 차단 • Cookie 암호화를 통한 정보 유출 차단 • 암호화 트래픽 HTTPS 통신에 대해서도 웹보안 • 사용자 정의 보안정책 • 여러 도메인(Multi Domain)에 대한 보안정책 • 로그 저장 및 검색 • 차세대인터넷주소체계(IPv6)	• CC인증(EAL4) • Gigabit 2 port (bypass) • 전원장치 이중화 • 내장 HDD 용량 500 GB

(계속)

구분	종류	기능	제원
	DDoS	• 비정상 네트워크 트래픽 방어 • Flooding 공격 방어(SYN/TCP/UDP/ICMP 등) • TCP/UDP/ICMP 혼합 공격 방어 • Fragmentation Flooding 공격 방어 • Spoofed IP 공격 방어 • 넷봇 공격에 대한 방어 • 정밀 탐지를 위해 양방향 트래픽을 분석하여 DDoS 공격을 탐지 및 차단 • 알려지지 않은 공격 방어 • 시스템 자원에 대한 모니터링 및 보고서 • 콘솔단말과 시스템과의 암호화 통신 • ESM과의 연동	• CC인증(EAL4) • 10 GbE4port(bypass) • 전원장치 이중화
	로그 서버	• 6개월 이상 로그저장 • 로그 저장 및 검색 • 이벤트 타입별 로그저장, 관리 • 저장된 로그에 대한 압축보관 및 삭제 기간 설정 기능	[H/W 사양] CPU: Intel Xeon X3450 RAM: 4G HDD: 2TB * 4 NIC: 1G 2Port Rack Mount Type [S/W] Ahnlab Trustguard Log Manager

3. 구성 장점 및 단점

장점	단점
• 백본, L4 Switch, L3 Switch, F/W+IPS 등 주요 장비에 대해서 이중화 구축 • 10 Gbps 백본과 링크 이중화 구성으로 장애 시에도 안정적인 서비스 가능	• F/W+IPS가 이중화되어 있으니, 복합 기능 서버으로 구성되어 있어, 단일 서비스 부하가 장비의 부하를 증가시켜 타 서비스의 성능을 저하 가능성이 있음(예: IPS 부하로 인한 방화벽 성능 저하) → 향후 IPS 기능을 분리하여 별도 구성

4. 용도 및 사용방법

용도	사용방법
• 스마트학교 서비스를 제공하기 위한 기반 네트워크 환경 제공(학교 자가망, 대외서비스용 DMZ 및 센터 백본 네트워크)	• 스마트학교 서비스를 위한 24 × 365 무중단 운영 • 네트워크 상태 모니터링을 통한 중앙 집중 관리 및 장애 사전 인지 및 조치

5. 사용 설명

- 센터 백본 및 센터-학교 간 이중화 네트워크 환경 구성
  - 단일 경로 장애 시에도 우회 경로 제공
- 네트워크 가용성 확보를 위한 장애 예방책 시행
  - 운영자에 의한 일일/주간 점검 항목 작성, 점검 수행
- 네트워크 관리를 위한 관리 소프트웨어 운영
  - NMS 현황을 거점센터 운영실 관제시스템에 실시간 표시
  - 이상 상황 발생 시 경보, 알람, 메시지 전송을 통해 전파

6. 기대효과

- 주요 경로 및 주요 장비 이중화 구성을 통해 24 × 365 무중단의 안정적인 스마트학교 네트워크 기반 환경 제공
  - 센터 백본 및 센터-학교 간 10Gbps 고대역폭 네트워크 망 구축으로 향후 증가되는 자원 및 시스템을 유연하게 수용 가능
  - 주요장비의 구성요소, 장비, 전원 이중화된 시스템을 채택하여 장애에 대한 사전 대비
- 체계적인 네트워크 관리체계를 통한 관리 편의성 증대
  - 주기적인 점검 및 실시간 모니터링을 통한 사전 장애 인지 및 처리시간을 최소화하여 시스템 및 사용자의 네트워크 사용 불편 최소화

7. 발전방향

- 운영 네트워크
  - 사용자, 서비스 증가에 대비한 인터넷 회선 용량의 점진적 증설
  - 서버 증가에 따른 내부 L3 스위치 확장 및 고도화
- 기술적 발전방향 관점
  - F/W+IPS 장비의 성능 저하를 고려한 인터넷용 IPS 기능 분리 구성
  - 학교 사용자의 센터 유해트래픽 유입을 방지하기 위한 기간망용 IPS 도입

8. 구성의 특징적인 사항

- 24 × 365 서비스 제공을 위한 백본 네트워크 및 자가망 이중화 구성
- 안정적인 서비스를 위한 주요 시스템 이중화 구성(백본, L4 Switch, L3 Switch, F/W+IPS 등)

9. 제품 사진

A. 백본

B. L4 SWITCH

C. L3 10G SWITCH

D. 내부 L3 SWITCH

E. 무선컨트롤러

F. AP

G. F/W+IPS

H. 웹방화벽

08 로보샘(ROBOSEM: Robot Smart English Master)

1. 목적

선생님과 원어민선생님, 학습자를 입체적으로 네트워크하여 영어를 가장 효과적으로 배울 수 있는 로봇 영어수업 시스템을 지원한다.

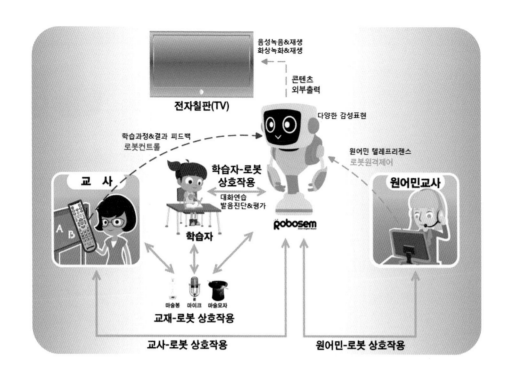

전자칠판(TV)

음성녹음&재생
화상녹화&재생

콘텐츠
외부출력

다양한 감성표현

학습과정&결과 피드백
로봇컨트롤

학습자-로봇
상호작용

대화연습
발음진단&평가

원어민 텔레프리젠스
로봇원격제어

교 사

Robosem

원어민교사

학습자

마술봉 마이크 마술모자

교재-로봇 상호작용

교사-로봇 상호작용

원어민-로봇 상호작용

2. 구성장비 내역

구분	기능	제원	
H/W	• 로봇 이동 및 메뉴 선택, 발표자 선택 등	• 리모컨	
	• 로봇 충전(3시간 충전 3시간 사용)	• 충전스테이션	
	• 학습자 제스처 인식을 통한 학습기능 • 게임참여	• 위모컨	

(계속)

구분	기능	제원
H/W	• 로봇과 영상 출력장치 간(TV, 전자 칠판 등) 무선 방식으로 연결되도록 하는 장치	• 무선 TV영상장치
	• 마법카드 인식을 통한 콘텐츠 실행	• 마법카드
	• Active English(1,2,3) • Active Storytelling and RolePlay	• 학생용 교재(4종)
	• 교사용 학생교재: Active English(1,2,3) • 교사용 지도서: Teacher's Guide for Active English(1,2,3)	• 교사교재 6종
	• 교사가이드 • 사용설명서 • 퀵가이드	• 설명서 3종

S/W	• 방과후 콘텐츠
	  - Active English 1
	  - Active English 2
	  - Active English 3
		• 방과후 콘텐츠
		  - 방과 후 초등영어수업 콘텐츠(1~2학년용)
		  - 방과 후 초등영어수업 콘텐츠(3~4학년용)
		  - 방과 후 초등영어수업 콘텐츠(5~6학년용)

	• 정규수업
	  - Active Storytelling and Roleplaying
	  - Active Talk
	  - Active Song and Chant
	  - Active Pronunciation
	  - Active Phonics
		• 콘텐츠내용
		  - 초등 영어 동화책 읽기(3~6학년, 40주제)
		  - 초등 영어 역할놀이(3~6학년, 40주제)
		  - 원어민 화상 영어 프로그램
		    (3~6학년, 40주제)
		  - 초등 영어 노래와 챈트
		    (3~6학년 50주제)
		  - 초등 발음 연습과 진단
		    (3~6학년 50주제)
		  - 초등 영어 파닉스 학습과 게임

3. 구성 장점 및 단점

장점	단점
• 전자 칠판, 빔 프로젝터, 프로젝션 TV 등 어떤 디스플레이 장치와도 연동 가능(영어 전용 교실에서 사용하기 적합함) • R-LMS 시스템을 통해 학습 상황을 유기적으로 관리할 뿐만 아니라, 이를 통해 구체적이고 사실적인 보조교사(로봇)-학습자 간 상호작용을 구현하여 학습자의 향상된 수업 몰입 상황을 유도함(로봇이 학습자의 학습 상태를 파악하여 그것을 기반으로 한 상호작용 시도) • 수업 진행시 학습자별 학습 포트폴리오(수업 활동 영상, 발음 및 역할놀이 녹음) 제작, 출석 관리, 학급 별 수업 진도 상황 관리가 진행되는 등의 교사 보조 기능이 콘텐츠에 내재되어 있음	• 비교적 고가의 장비에 속함 • 로봇 전용 콘텐츠만 탑재하여 사용할 수 있음 • 다층 건물에서 계단으로 상하층간 이동이 불가함 • 로봇 사용 공간이 제한적

4. 용도 및 운영방법

용도	운영(사용) 방법
• 홍보관에서 스마트학교 안내 • 영어 전용 교실에서 스마트학교 학생들의 로봇-학습자 상호작용 기반 영어 교육 진행	• 한국인 교사: 터치스크린, 리모컨 • 원어민 교사: pc에 탑재된 별도의 전용 콘트롤러 프로그램을 통한 원격 제어 • 학습자: 터치스크린, 터치 센서, 리모컨

5. 사용 설명

A. 수업 준비

수업반과 학생정보 받기, 학생용 마술팔찌 등록, 웹사이트와 동기화

B. 콘텐츠 이용

방과후 콘텐츠 실행하기, 정규수업 콘텐츠 실행하기, 수업경영메뉴 실행하기, 수업보조 메뉴 실행하기, 마술팔찌 및 마술모자, 마법카드, 마술봉 사용하기, 원격교육 수업하기

C. 웹사이트 준비

웹사이트 회원가입, 학생정보 등록하기, 학급정보 등록하기

D. 기본 사용

전원관리, 충전하기, 이동 및 TV연결하기

6. 기대효과

A. 의사소통 중심의 언어교육

로봇 교육에 적합한 교수법, 청화식 의사소통 중심의 교수법, 문자와 언어 중심의 교수법, 전신반응 TPR 교수법 및 과업중심의 협동적 언어 교수법 적용

B. 학습자의 동기유발

- 학습자 인식 및 발음 진단 평가를 통한 학습의 동기 유발
- 감성과 HRI기술을 활용한 로봇과 상호작용을 통한 몰입도 향상 → 외국어 학습의 효과 극대화

C. 원어민 교사역할 및 대체효과

- 텔레프레즌스를 활용한 원어민 협업수업과 영상통화 수업 → 교사보조 및 원어민 교사역할
- 농어촌과 산간벽지 등 원어민 소외지역 우선 → 균등한 학습 제공

D. 타 매체와의 차별화

- 인터넷 및 전자교과서와의 차별화된 비언어적 상호작용 → 로봇과 아동의 면대면, 눈맞춤, 신체접촉 등
- 로봇을 통한 학습자 중심의 능동적인 의사소통의 기회 제공
- 학습 과정과 결과 모니터 및 처리를 통한 수준별 학습 진행
- 멀티디바이스와 도구형 소프트웨어 연동을 통한 다감각 학습유도

7. 발전방향

A. 스마트 교실의 교육시스템 구축

로봇과 TV, 리모컨, 카메라, 블루투스 마이크 등 융합 IT로 구성되는 디지털 기반의 능동적 학습유도를 통한 공감각적 체험형 교실 구축

B. 로봇 TPR 교수법 개발

전신반응 교수법 및 로봇과 학습자 상호 작용 등 학습자 동기유발을 위한 언어로봇 구현

C. 원어민 보조교사 역할 강화

로봇 텔레프레즌스를 통해 원어민 및 전문가, 학습자 등을 연결하여 원어민 보조교사 대체 및 활용

D. 로봇전용 교육콘텐츠 다양화

로봇 기술과 영어콘텐츠를 적용한 초등영어 정규 교과목 및 방과후 교육 프로그램 개발

E. 로봇전용 상호작용 교재 차별화

로봇의 상호작용을 강화한 사물 인식 그림카드, RFID팔찌, 동작인식 위모컨 활용을 통한 교재개발

F. 실시간 네트워크의 학습BD 시스템 구축

교사와 학생, 학부모의 네트워크를 통한 학습자 학습내용의 체계적인 DB화

8. 구성의 특징적인 사항

교실 내 TV, 리모콘, 컴퓨터, 인터넷, 카메라, 전자칠판 등의 교육용 기자재와 연동함으로써 디지털 기반의 능동적 학습유도

9. 제품의 사진

A. RFID 팔찌를 활용한 출석체크

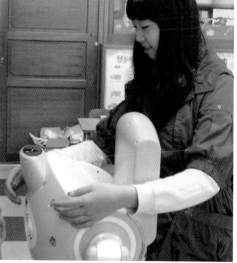

B. 텔레프레즌스 기능의 원어민 화상수업

C. 그림카드를 활용한 수업

D. 로봇을 활용한 다문화수업

E. 다양한 활동의 수업

09 비디오월(Video Wall) 시스템

1. 목적

미래학교 홍보관에 미래학교 소개, 학교 홍보, 학생 및 교직원 활동상황 등을 홍보관 벽면에 게시하기 위하여 Video Wall 및 키오스크와 컨트롤러 서버 및 S/W를 제공한다.

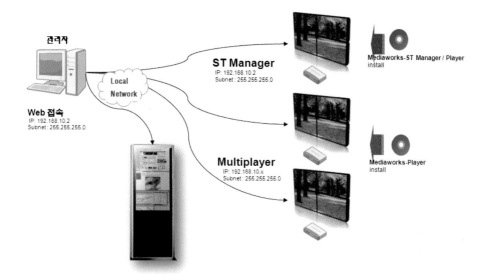

2. 비디오월 시스템

A. 구성장비 내역

구분	기능	제원

H/W	• Video Wall RFID 리더기 구축운영
	  - 운영 s/w(운영O/S)
	  - 스마트학교 통합관제솔루션 연동
	  - 스마트학교 학사행정관리솔루션 연동
		• Video Wall: S/NARROW(450cd, 패널간격 7.3 mm 이내, 8 ms, 원터치 착탈방식타입의 블라켓 사용) Multicube LCD(강화유리 포함) 방식
		• 응답속도: 8 ms 이내
		• 해상도: 1366 × 768(HD)
		• RFID 리더기(2.4 GHz 또는 UHF 917~923.5 MHz)
		• CPU: Core2Duo E8400 3.0 GHz 이상
		• 메모리(RAM)용량: 2(DDR3) GB 이상
		• 하드디스크(HDD)용량: 320 GB 이상
		• 그래픽: DVMT(내장) 이상
		• 랜카드: LAN/1 Gbps, Wireless IEEE 802.11n

S/W	• 학교홍보 동영상
	  - Video wall, 키오스크, 로봇셈
	  - 동영상conti, 영상촬영
	• 화면 운용 S/W
	• 스마트학교 학사행정관리 솔루션 연동
		• O.S: Windows7 Home wmv파일 (홍보동영상)
		• 현관: 학사정보 확인, 통합관제
		• 학교소개, 학교홍보, 학생 및 교직원활동상황 등을 게시용

B. 구성 장점 및 단점

장점	단점
• 실시간 원격제어 및 모니터링이 가능 • 콘텐츠의 재생시간 조정에 의해 예약 송출 기능으로 활용 • 다양한 정보의 커뮤니케이션 도구로 정보공유의 편리성 제공 • 다양한 동영상 파일을 별도의 S/W 없이 손쉽게 이용 • 자유롭고 편리하게 언제, 어디서나 실시간 운용	• 시스템 운용에 필요한 전문인력의 확보와 전문가 교육 과정의 지속적 실시 • 디지털 게시판(IPTV)으로 환경개선의 필요 • 현재 패널간격이 7.3 mm 이하로 향후 제품개발로 인한 선명도 개선 필요

C. 용도 및 사용방법

용도	사용 방법
• 공지사항, 학사정보 제공 • 학교소개, 학교홍보, 학생 및 교직원활동 정보 게시 • 홍보관 안내 메시지, 학사정보 제공 • 미래학교 홍보동영상 제공 • 미래학교 소개, 학교 홍보, 학생 및 교직원 활동 상황 등을 비디오월과 키오스크와 연동하여 홍보활동 병행 • 다양한 정보의 커뮤니케이션 도구로 활용	• 평상시 공지사항 등 메시지 정보의 순차적 표시 • 학교홍보 동영상 제공 • RFID 전자학생증 태깅시 사용자를 식별하여 개인 학사 정보 제공 • 영상제어 Player s/w를 통하여 비디오월과 키오스크가 각각 독립적으로 사용 가능하며 키오스크와 비디오월이 연계하여 운영 • 스케줄 적용 플레이어, 프로그램 등록, 콘텐츠 등록, 모니터링을 통한 운영메뉴얼 구성

D. 사용 설명

- 스케줄 적용 플레이어
  - 현재 등록되어 있는 Player를 제시(단독형은 최대 5대까지만 지원)
  - 스케줄 적용플레이어에서는 현재 접속되어 있는 플레이어의 On/Off를 표시
  - 플레이어명은 사용자의 편의에 따라 변경이 가능하며 FTP서버정보를 통하여 콘텐츠를 다운로드, 플레이 진행
  - 전원제어에서는 셋톱박스의 전원을 제어
  - 셋톱의 켜기, 끄기를 예약하여 지정된 시간에 제어함으로써 사용을 원하지 않는 시간에는 장비의 전원을 차단
  - 또한 전원설정 제외시간을 적용하여 전원설정과 상관없이 특정 요일, 특정 날짜에 설정적용 제외 가능
  - 로그보기를 통하여 방송관리 솔루션의 CMS와 Player 간의 통신상태를 확인할 수 있으며, 콘텐츠의 다운로드 상태를 확인 가능

- 스케줄
  - 기본 스케줄은 노출과 노출시간 결정에 따라 지속적으로 방송되는 스케줄을 관리
  - 시간예약 스케줄은 설정한 시간에 기본스케줄의 동작이 정지되며 시간예약 스케줄로 방송이 진행
  - 요일별 예약 스케줄은 방송이 설정된 요일이 되면 기본스케줄과 시간 예약된 스케줄의 방송이 정지되며 요일별 예약된 스케줄의 방송이 실행
  - 요일별 시간예약 스케줄은 방송이 설정된 요일의 시간이 되면 기본스케줄, 시간예약 스케줄, 요일별 예약 스케줄의 방송이 정지되면 요일별 시간예약 스케줄이 방송 진행
  - 자막광고는 배경 및 글자 색 변경이 가능하며 자막작성 후 셋톱 적용 시 실시간 자막이 전송되어 DID에 표출이 구성
  - 또한 자막광고 작성 시 노출날짜와 노출시간을 지정함으로써 자막광고를 별도로 삭제할 필요 없이 지정된 날짜와 시간이 지나면 자동으로 자막송출이 중단되도록 매뉴얼 구성
- 프로그램 등록
  - 프로그램 등록 실행 시 분할화면 기능을 제공하여 화면분할을 제공
  - 또한 프로그램 등록 창을 더블클릭하는 것만으로 간단하게 콘텐츠 업로드가 진행
  - 이렇게 작성된 스케줄의 플레이 시간 및 스케줄 노출 일정을 설정하여 필요한 기간, 필요한 시간만큼만 방송되도록 구성
  - 농영상은 WMV, AVI 파일이 등록 가능하며, 이미지는 JPG, BMP, GIF, PNG 파일 등록이 가능
  - 동영상에 사운드가 포함되어 있는 경우 분할화면 왼쪽 상단에 사운드표시를 제시
  - 콘텐츠 등록 전 미리보기 기능을 통하여 등록하고자 하는 콘텐츠의 내용을 제시(동영상, 이미지, 파워포인트)
- 콘텐츠 등록
  - 파일 등록 업로드 창을 통하여 파일을 쉽게 업로드할 수 있으며 업로드된 파일은 왼쪽의 콘텐츠 파일명으로 표출

- 타입란에는 콘텐츠의 파일형식이 나타나며 콘텐츠명은 등록된 파일의 파일명으로 제시
- 한번 등록된 콘텐츠는 삭제 전에 사라지지 않으며, 하드용량 초과 시 오래된 콘텐츠부터 삭제되게 매뉴얼 구성
- 또한 플래시 템플릿을 제공하여 파일 등록을 하지 않고 간단한 text 작업을 통하여 콘텐츠 제작이 가능
- 플래시 템플릿 등록 시에 미리 보기 기능이 지원되어 text 입력 후 미리 보기를 통하여 입력된 text의 상태를 확인 가능

- 모니터링
  - 실시간 모니터링기능을 제공하여 STB별 현재 방송되고 있는 영상을 모니터링 가능
  - 네트워크 트래픽을 고려하여 30초마다 섬네일형 이미지를 제공하여 콘텐츠의 정상 방송여부 확인 가능

E. 기대효과

- 디지털 게시판(IPTV)으로 환경개선이 가능
- 실시간 게시기능으로 정보의 신속한 전달성을 제시
- 다양한 콘텐츠(학교소개, 학사일정, 급식정보 등) 템플릿의 활용으로 시각적 홍보효과 극대화
- 국내 최첨단 스마트학교 홍보관(비디오월, 키오스크, 로봇샘) 구현을 통한 운영 편리성

F. 발전방향

- 학교 홍보자료 및 각종 정보제공 등을 실시간 전송하여 효율성 강화
- 미디어 콘텐츠 및 문서화된 자료를 수시로 변경하여 연계방송 시스템 구축
- 네트워크를 활용한 제어시스템으로 사용자의 편의성과 신속성 증대, 이를 통한 스마트학교의 최첨단 Media Network System을 구축

G. 구성의 특징적인 사항

- 실시간 원격제어 모니터링 시스템 구성

Local Network를 이용하여 STB 및 Display를 관리하고 제어하여 송출 모니터링

- 원하는 시간 및 예약방송으로 콘텐츠 송출의 가능성 제시 콘텐츠 재생시간 및 예약에 따라 콘텐츠 송출 가능
- 다양한 커뮤니케이션 도구로 활용성 제시 다양한 정보의 소식 등의 정보공유 편리성 제공
- 고화질의 영상을 손쉽게 시청할 수 있는 편의성 제공 다양한 동영상 파일을 별도의 s/w 없이 손쉽게 시청 가능

H. 제품의 사진

비디오월 전면

적용 템플릿 예시

10 화상학습 시스템

1. 목적

상호 이격된 교실 및 강의실 간 화면을 통해 실시간으로 영상정보, 음성정보, 데이터 정보를 주고받으며 원격교육, 강의 및 세미나 진행이 가능한 화상학습 시스템을 제공한다.

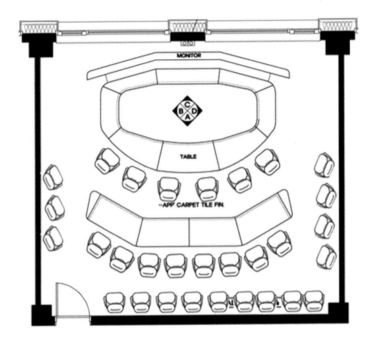

2. 구성장비 내역

구분	기능	제원
서버	• CUCM 8.0 2 SET	• CPU: Single Intel Dual Core Xeon E8400 3.0-GHz 6M L2 메모리: 2-GB DDR2 디스크: 250GB S-ATA NIC: RJ-45 UTP 100/1000 2 Ports
	• VCS Control 1 SET	• 지원 프로토콜: SIP,H.323 최대 2500단말(회의시스템) 등록 최대 500 동시 Call 지원

(계속)

구분	기능	제원
서버	• VCS Expressway 1 SET	• 지원 프로토콜: SIP, H.323 최대 2500단말(회의시스템) 등록 최대 500 동시 Call 지원 방화벽 투과 기능
	• TP Server 7010	• 다수의 멀티스크린 텔레프레즌스 지원(Cisco, Tandberg, Polycom) Point-to-point & Multipoint 지원 화면 분할 지원 지원 프로토콜(H.323, SIP, TIP) 문서 공유 지원(H323, BFCP)
단말기	• 텔레프레즌스 시스템	• 65"PDP 디스플레이 3EA Full HD 지원 카메라 3EA 회의실용 영상 코덱 3EA 마이크 9EA 스피커 4EA 회의실용 전화기 1EA

3. 구성 장점 및 단점

장점	단점
• 같은 공간에 있는 듯한 실제감 • 현장감 있는 음향 및 화상 • 고해상도 화질 영상 구현 • 쉬운 사용 방법 • 상대방 표정 및 현장 분위기 파악 가능	• 최대 3개 사이트(3개 스크린 단말 기준)까지만 동시 접속 가능(추후 동시접속 사이트 추가 시 장비 증설 필요) • 타 지역 강의 시스템 QoS 보장 필요

4. 용도 및 사용 방법

용도	사용 방법
• 타 지역 학교와 연동하여 원격 화상 강의를 진행하는 솔루션	• 전화기 터치 스크린을 이용하여 회의 방에 접속 • 상대 지역도 전화기(리모컨)을 이용하여 회의방 접속 • PC화면 공유시 회의실에 배치된 VGA케이블을 연결 • 원격 강의 시스템은 항시 전원이 켜있기를 권장함(자동 대기모드 전환)

5. 사용 설명

A. 강의 연결

Favorites 선택   회의방 선택   강의 전화(리모컨)

New Call 선택   연결 번호 입력 후 Dial 선택

B. 강의 종료

End Call 선택

C. PC 연결(PC화면 공유)

책상 위의 케이블을 노트북 외부모니터 연결 단자에 연결한다. 이때 노트북의 외부 모니터 해상도를 반드시 1024×768(60 Hz)로 설정한다(올바르게 연결 된 경우 프로젝터가 자동으로 켜지고 30초 이내에 스크린에 노트북의 화면이 표시된다).

　노트북을 연결한 후에 회의를 시작한 경우, 전화기 화면에 문서회의 시작 선택화면이 나온다. 문서강의를 시작하려면 우측 Share를 터치한다(회의 도중 노트북 연결 시 선택화면 없이 10초 이내에 바로 시작된다).

　강의 도중 마지막으로 연결된 노트북의 화면을 서로 공유하게 된다(상대방 문서공유 시 내 화면을 다시 보여주려면 케이블을 제거하고 다시 연결한다). 회의 종료 후에 프로젝터는 자동으로 대기모드로 전환된다(5분).

6. 기대효과

- 현장감(음향/화상(실물크기 사이즈)/Eye-Contact(시선처리) 가능한 강의 진행
- 국내 및 해외 학교 연계 수업(어학/과학/음악 및 기타 학습 등 활용)

7. 발전방향

운영 관점	• 국내 및 해외 원격 강의 대상 학교 수를 점진적 증가 • 연계 수업 관련 커리 큘럼을 다각화
기술 관점	• 학교 내 텔레프레즌스와 연계 가능한 소규모 강의장 증설(회의실, 교실, 교무실 등) • Paper 문서 공유 가능한 장비 연동(Document Camera) • 모바일 화상 강의[강의실과 모바일(Phone/Tablet)] 연계

8. 구성의 특징적인 사항

- Full HD1080p(1920×1080)의 고해상도 화질 영상 구현
- Eye-Contact 가능하도록 카메라 및 디스플레이 튜닝
- 최적화된 룸 실내디자인 및 주변 시설(흡음/조명/의자/배치 등)
- 타 학교/지역 연동성을 고려한 시스템 디자인

9. 제품의 사진

11 클라우드(Cloud) 시스템

1. 목적

언제(Any-time), 어디서든(Any-where) 개인 PC와 스마트기기(Any-device)를 이용하여
가상의 데스크톱 PC 환경을 제공하여 수업이 가능하도록 지원한다.

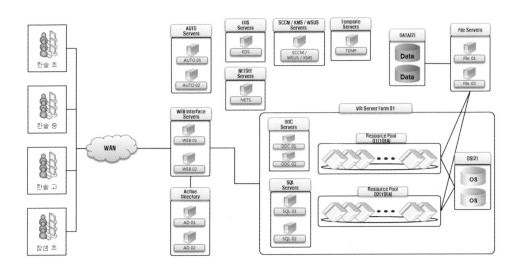

2. 구성장비 내역

구분	종류	기능	제원
H/W	클라우드 App호스트/ DB,인증서버	• 공간 효율성이 높은 2U 랙사이즈의 강력한 2-소켓 서버 • 최대 288 GB의 메모리 확장성 제공 • 하드디스크, 팬, 전원 공급장치의 핫스왑 기능 • 2.5" Serial Attached SCSI(SAS) 및 SATA 핫–스왑 디스크 최대 16개 지원	• CPU: Intel Xeon 3.06 GHz 6core*2CPU, L3 Cache 12 MB • Memory: 72GB • 내장HDD: SAS 146 GB 2개 • 광통신 Gigabit 2포트 PCIe Card 2개 • 100/1000Base-TX4포트(온보드) • Fibre-Channel 4/8 Gbps 2포트 Card 2개 • 시스템 확장성능 bops: 931,658 • 내장DVD-ROM • 전원장치 2개(전원이중화)
	파일서버	• 공간 효율성이 높은 2U 랙사이즈의 강력한 2-소켓 서버 • 최대 288GB의 메모리 확장성 제공 • 하드디스크, 팬, 전원 공급장치의 핫스왑 기능 • 2.5" Serial Attached SCSI(SAS) 및 SATA 핫–스왑 디스크 최대 16개 지원	• CPU: Intel Xeon 3.06 GHz 6core*2CPU, L3 Cache 12 MB • Memory: 24 GB • 내장HDD: SAS 146 GB 2개 • 광통신 Gigabit 2포트 PCIe Card 2개 • 100/1000 Base-TX4포트(온보드) • Fibre-Channel 4/8 Gbps 2포트 Card 2개 • 시스템 확장성능 bops: 931,658 • 내장DVD-ROM • 전원장치 2개(전원이중화)
	SAN 스위치	• 8개씩 16개에서 48개까지 포트 확장 가능 • 전원 공급 장치 및 팬 이중화 • 8, 4, 2 및 1 Gbps 포트 자동 감지 기능 • 새로운 8 Gbps 서버 및 스토리지 장치 지원	• 컴팩트한 1RU 19인치 Rack 장착 • 4 Gbps 40Port • 1/2/4 Gbps 또는 2/4/8 Gbps Auto-negotiation • 이중화 팬 및 전원 공급 장치
	클라우드 DB 스토리지	• 이기종 멀티 호스트 연결지원 • 다양한 RAID level 지원 • 내부복제솔루션(ShadowImage) • 원격복제솔루션(TrueCopy) • Online RAID Expansion 기능 • Back End Load Balancing 기능	• Cache Memory: 16 GB • DISK: SATA 7200rpm 1TB • 용량: 실사용량 50 TB(RAID 1구성) • Host Interface: FC 8 Port • 내부복제, 원격복제, 패스이중화 솔루션

(계속)

구분	종류	기능	제원
H/W	클라우드 SAN 스토리지	• 이기종 멀티 호스트 연결지원 • 다양한 RAID level 지원 • 내부복제솔루션(ShadowImage) • 원격복제솔루션(TrueCopy) • Online RAID Expansion 기능 • Back End Load Balancing 기능	• Cache Memory: 16 GB • DISK: SATA 7200 rpm 2 TB • 용량 : 실사용량 50 TB(RAID 1구성) • Host Interface: FC 8 Port • 내부복제, 원격복제, 패스이중화 솔루션
S/W	RDBMS	• 고가용성 Enterprise 급 상용 DBMS • 표준 및 호환성 SQL 지원 • DB 생존성 증대를 위해 이중화 클러스터 • DB 서버 2개에 설치되어 DBMS의 무중단 이중화 시스템을 구축	• MS-SQL 2008R2 Enterprise
	클라우드 서비스 미들웨어 및 라이선스	• 한글 통합 관리 툴 지원,한글 도움말 제공 • 다양한 접속방식 지원(트레이,Web, C/S,스마트폰 및 패드 접속) • 실시간 사용자 접속현황 및 리소스 모니터링, 실시간 서버상태 모니터링 • 부하분산을 위한 소프트웨어 방식의 리소스별 사용자 접속수별 로드밸런스 기능지원 • 동시접속자수 600명 제공 • 데스크탑 가상화 O/S(Windows 7) 600개 제공	• Citrix XenDesktop 600 copy 라이선스 포함
	클라우드 PC 케어 및 원격 관리 솔루션	• 서버 및 클라이언트 프로그램으로 구성(WAN 지원) • 원격제어에 의한 A/S 지원	• MS SCCM 1 server, 600 client

3. 구성 장점 및 단점

장점	단점
• 교내에서 다양한 접속 디바이스(학생PAD, 교사PC 등)를 통해 클라우드 접속 가능 • 교실, 교무실, 컴퓨터실 등 다양한 공간에서 미리 설치된 응용 S/W를 이용해 업무, 교육 등에 즉시 활용 가능 • 교사-학생 간 수업자료 공유, 학급, 학년, 학교 간 공유 등 용도에 따른 다양한 공유데이터 저장 공간 제공으로 정보공유 효과 극대화 가능	• 이번 구축사업은 자료 유출 등 보안상의 이유로 외부로부터의 클라우드 접속은 제한되어 있음 • 클라우드의 기본사상인 언제 어디서나 접속 가능한 환경을 제공하기 위해서는 추후 외부접속이 가능하도록 검토, 보완되었으면 함

4. 용도 및 운영방법

용도	운영(사용)방법
• 학생들에 대한 컴퓨터 학습 교육 • 각종 교육 및 행정 업무자료 작성공유(교사, 학생간 수업 자료 공유, 교사의 학년전체 자료 공유, 교사들간 자료 공유, 학교간 교사 자료 공유)	• 통합 모니터링을 이용한 시스템 상태 모니터링 • 수작업을 최소화하는 자동화 구현

5. 사용 설명

A. 학교 내 어디서나 다양한 단말장치로 클라우드 포털에 접속

• 유무선 접속 가능한 학교 내 어디서나 PAD, PC 등 다양한 단말을 통해 클라우드 접속

• 통합포털과 연계해 동일 계정으로 클라우드 포털에 접속

• 컴퓨터 교육, 수업관련 자료 작성 및 배포, 행정사무 관련 작업 등에 PC 준비 과정 없이 즉시 사용 가능한 컴퓨터 환경 제공

B. 클라우드 인프라 관리를 위한 통합포털, 관리용 TOOL 운영

• 클라우드 포털, 전문 관리 tool을 이용한 클라우드 접속상태 모니터링, 장애처리 수행

C. 가상데스크톱 관리 자동화

• 가상데스크톱 장애를 자동 감지하고, 문제가 발생된 가상PC는 폐기되고 대체용 가상PC가 자동으로 할당됨

• 자동관리 기능에 의해 장애 발생한 가상PC는 정기적으로 폐기되고 신규로 자동 생성되어 서비스 제공

6. 기대효과

A. 업무, 학습에 클라우드 환경을 즉시 활용 가능

• 가상화 PC에 미리 설치된 S/W를 활용해 즉시 학습, 업무에 활용 가능

B. 학교 어디서나 수업, 업무자료 공유 가능한 환경 제공

• 클라우드 환경에 학급, 학년, 학교 전체, 학교 간 등 다양한 자료공유 가능한 환경 제공

7. 발전방향

A. 집, 외부망에서 접속 가능한 VPN 통신 환경 구성

- 방과 후 집 또는 외부망에서 클라우드 접속 가능한 통신 환경 제공

B. 점진적 사용자, 데이터 증가에 따른 시스템 고도화

- 사용자 증가, 저장 데이터 증가에 대비한 서버, 스토리지 추가 확보

C. 구성의 특징적인 사항

- 600명 동시 접속 가능한 클라우드 환경
- 가상화PC life사이클 관리를 위한 클라우드 포털 구성
- 클라우드 상태 통합모니터링 기능 구현 및 가상화PC 장애 시 대체 가상화PC를 즉시 제공해 신속한 학습, 업무 재개 가능

8. 제품의 사진

A. 클라우드 AP/DB 서버

서버 전면

서버 후면

B. 클라우드 스토리지

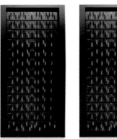   

| 클라우드 DB 스토리지 #1 | 클라우드 DB 스토리지 #2 | 클라우드 SAN 스토리지 #1(p-Vol) | 클라우드 SAN 스토리지 #2(p-Vol) |

12 키오스크(Kiosk) 시스템

1. 구성장비 내역

구분	기능	제원
H/W	• 키오스크 IPTV 연계기능 – 스마트학교 통합관제솔루션 연동 – 스마트학교 학사행정관리솔루션 연동	• 키오스크(LCD 55인치, 12 ms 이내, 1920 × 1080 WUXGA 이상, 강화유리/고감도 적외선 터치센서 포함, 스피커, 보관함, 저장장치, 콘텐츠 포함) • FULL LCD or LCD(강화유리 포함) 55inch 이상 • 응답속도: 12 ms 이내 • 해상도: 1920 * 1080 WUXGA 이상 • 고감도 터치센서 지원 • 터치스크린, 스피커, 보관함, 저장장치, 콘텐츠 등 포함
S/W	• 학교홍보 동영상 – Video wall, 키오스크, 로봇셈 – 동영상conti, 영상촬영 • 화면 운용 S/W • 스마트학교 학사행정관리 솔루션 연동	• O.S : Windows7 Home wmv 파일(홍보 동영상) • 현관 : 학사정보 확인, 통합관제 • 학교소개, 학교홍보, 학생 및 교직원 활동상황 등을 게시용

2. 구성 장점 및 단점

장점	단점
• 고감도 터치센서에 의한 정보이용자의 편의성 제공 • 실시간 원격제어 및 모니터링이 가능 • 콘텐츠의 재생시간 조정에 의해 예약 송출기능 활용성 • 다양한 정보의 커뮤니케이션 도구로 정보공유의 편리성 제공 • 다양한 동영상 파일을 별도의 S/W 없이 손쉽게 이용 가능 • 자유롭고 편리하게 언제, 어디서나 실시간 운용 가능 • 손쉬운 현장설치가 가능	• 시스템 운용에 필요한 전문인력의 확보와 전문가 교육 과정의 지속적 실시가 필요성 • 디지털 게시판(IPTV)으로 환경개선의 필요성 • 음성인식 및 안내에 대한 기능 메뉴얼의 필요성

3. 용도 및 운영방법

용도	운영(사용) 방법
• 미래학교 소개, 학교 홍보, 학생 및 교직원 활동상황 등을 비디오월과 키오스크와 연동하여 홍보활동을 병행 • 스마트학교의 이미지에 맞는 교육환경 조성 • 다양한 정보의 커뮤니케이션 도구 활용	• 영상제어 Player s/w를 통하여 비디오월과 키오스크가 각각 독립적으로 사용 가능하며 키오스크와 비디오월이 연계하여 운영 • 스케줄 적용 플레이어, 프로그램 등록, 콘텐츠 등록, 모니터링을 통한 운영메뉴얼 구성

4. 사용 설명

A. 스케줄 적용 플레이어

- 현재 등록되어 있는 Player를 제시(단독형은 최대 5대까지만 지원)
- 스케줄 적용 플레이어에서는 현재 접속되어 있는 플레이어의 On/Off를 표시
- 플레이어명은 사용자의 편의에 따라 변경이 가능하며 FTP서버정보를 통하여 콘텐츠를 다운로드 플레이 진행
- 전원제어에서는 셋톱박스의 전원을 제어
- 셋톱의 켜기, 끄기를 예약하여 지정된 시간에 제어함으로써 사용을 원하지 않는 시간에는 장비의 전원 차단
- 또한 전원설정 제외시간을 적용하여 전원설정과 상관없이 특정 요일, 특정 날짜에 설정적용을 제외 가능
- 로그보기를 통하여 방송관리 솔루션의 CMS와 Player 간의 통신상태를 확인할 수 있으며, 콘텐츠의 다운로드 상태를 확인 가능

B. 스케줄

- 기본 스케줄은 노출과 노출시간 결정에 따라 지속적으로 방송되는 스케줄 관리
- 시간예약 스케줄은 설정한 시간에 기본스케줄의 동작이 정지되며 시간예약 스케줄로 방송 진행
- 요일별 예약 스케줄은 방송이 설정된 요일이 되면 기본 스케줄과 시간 예약된 스케줄의 방송이 정지되며 요일별 예약된 스케줄이 방송 실행
- 요일별 시간예약 스케줄은 방송이 설정된 요일의 시간이 되면 기본 스케줄, 시간예약 스케줄, 요일별 예약 스케줄의 방송이 정지되면 요일별 시간예약 스케줄이 방송 진행
- 자막광고는 배경 및 글자색 변경이 가능하며 자막작성 후 셋톱 적용 시 실시간 자막이 전송되어 DID에 표출 구성
- 또한 자막광고 작성 시 노출날짜와 노출시간을 지정함으로써 자막광고를 별도로 삭제할 필요 없이 지정된 날짜와 시간이 지나면 자동으로 자막송출이 중단되도록 매뉴얼 구성

C. 프로그램 등록

- 프로그램 등록실행 시 분할화면 기능을 제공하여 화면분할 제공
- 또한 프로그램 등록 창을 더블클릭하는 것만으로 간단하게 콘텐츠를 업로드가 진행
- 이렇게 작성된 스케줄의 플레이 시간 및 스케줄 노출 일정을 설정하여 필요한 기간, 필요한 시간만큼만 방송되도록 구성
- 동영상은 WMV, AVI 파일이 등록 가능하며, 이미지는 JPG, BMP, GIF, PNG 파일 등록가능
- 동영상에 사운드가 포함되어 있는 경우 분할화면 왼쪽 상단에 사운드 표시
- 콘텐츠 등록 전 미리보기 기능을 통하여 등록하고자 하는 콘텐츠의 내용 제시(동영상, 이미지, 파워포인트)

D. 콘텐츠 등록

- 파일등록 업로드 창을 통하여 파일을 쉽게 업로드할 수 있으며 업로드된 파일은 왼쪽의 콘텐츠 파일명으로 표출
- 타입란에는 콘텐츠의 파일형식이 나타나며 콘텐츠명은 등록된 파일의 파일명으로 제시
- 한번 등록된 콘텐츠는 삭제 전에 사라지지 않으며, 하드용량 초과 시 오래된 콘텐츠부터 삭제되게 매뉴얼 구성
- 플래시 템플릿을 제공하여 파일등록을 하지 않고 간단한 text 작업을 통하여 콘텐츠 제작
- 플래시 템플릿 등록 시에 미리보기 기능이 지원되이 text 입력 후 미리보기를 통하여 입력뇐 text 상태를 확인

E. 모니터링

- 실시간 모니터링기능을 제공하여 STB별 현재 방송되고 있는 영상을 모니터링
- 네트워크 트래픽을 고려하여 30초마다 섬네일형 이미지를 제공하여 콘텐츠의 정상 방송여부 확인

5. 기대효과

- 외부 방문객에게 학교시설물에 대한 안내정보 제공

- 디지털 게시판(IPTV)으로 환경개선 가능
- 실시간 게시기능으로 정보의 신속 전달
- 다양한 콘텐츠(학교소개, 학사일정, 급식정보 등) 템플릿의 활용으로 시각적 홍보 효과 극대화
- 국내 최첨단 스마트학교 홍보관(비디오월, 키오스크, 로봇샘) 구현을 통한 운영 편리성

6. 발전방향

- 학교 홍보자료 및 각종 정보제공 등을 실시간 전송하여 효율성 강화
- 미디어 콘텐츠 및 문서화된 자료를 수시로 변경하여 연계방송 시스템 구축
- 네트워크를 활용한 제어시스템으로 사용자의 편의성과 신속성 증대, 이를 통한 스마트학교의 최첨단 Media Network System을 구축

7. 구성의 특징적인 사항

A. 실시간 원격제어 모니터링 시스템 구성
- Local Network를 이용하여 STB 및 Display를 관리하고 제어하여 송출 모니터링

B. 원하는 시간 및 예약방송으로 콘텐츠 송출의 가능성 제시
- 콘텐츠 재생시간 및 예약에 따라 콘텐츠 송출 가능

C. 다양한 커뮤니케이션 도구로 활용성 제시
- 다양한 정보의 소식 등의 정보 공유가 편리성 제공

D. 고화질의 영상을 손쉽게 시청할수 있는 편의성 제공
- 다양한 동영상 파일을 별도의 s/w 없이 손쉽게 시청 가능

8. 제품의 사진

키오스크 전면   적용 템플릿 예시

13 스마트월(Smart wall)

1. 목적

스마트월을 활용하여 선생님과 개별학습, 모둠학습, 창의학습 등 다양한 멀티미디어 학습이 가능하고, 학습자료 실시간 공유를 통한 학습운영 효과를 극대화 지원한다.

복도에서 본 스마트월

교실내부에서 본 스마트월

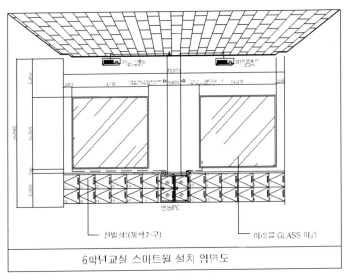

6학년교실 스마트월 설치 입면도

스마트월 설치 도면

2. 구성장비 내역(기능 및 제원)

구분	기능	제원
셋톱 박스	• 방식: 손터치와 펜터치 방식 혼용, 멀티터치 가능 • 월 사이즈: 교실환경에 최적화 크기로 구축(최소 가로 150 cm 이상) ※ 교실별: 2EA 설치	• CPU: 2.6 G • CORE: 2 • MEMORY: 32 GB • 10/100/1000 Base T(RJ-45) • O.S: Windows7
빔 프로젝트	• 판서기능, 멀티터치, 펜인식 S/W • 미디어(자료) 공유, 미디어 전송 기능 • 미디어 서버와 통신, 단말기와 통신 ※ 교실별 복도방향: 2EA 설치	• 디스플레이: DLP • 해상도: XGA(1024*768) • 밝기: 3500안시 • 소비전력: 419 W • OS: WINDOWS 7

3. 장점 및 단점

장점	단점
• 판서기능 및 멀티터치 기능 제공 • 교사/학생 단말기와 스마트월, 전자칠판과의 실시간 자료 표출 및 자동전송 체계 • 손터치와 펜터치 방식 혼용사용 가능 • 모둠학습 활동이 가능하도록 통합 및 단독운영 가능 • 교사, 학생 단말기 매직보드에 자료와 Display 실시간 전송 및 공유를 통한 수업진행	• 구성장비 활용을 위한 전문인력의 사전 교육 및 수업과 연계하여 활용 능력 배양 필요

4. 용도 및 사용 방법

용도	사용방법
• 6학년 교실에 설치하여 운영함으로써 협력학습, 모둠학습, 창의학습 활동지원 • 판서 및 멀티터치 기능을 적용하여 학습활동 환경을 개선 • 교사/학생 단말기와 스마트월,전자칠판 등을 활용한 스마트학교 교육 실현 ※ 구성요소 • 매직글라스(PDLC), 셋톱박스, 빔프로젝트, 멀티 터치 센서	• 매직글라스 연동 셋톱박스(PC) 전원 ON • 빔프로젝트를 무선리모컨으로 전원 ON하여 전동엘리베이션 작동 • 빔프로젝트는 공간활용 극대화를 위하여 후면투사 방식으로 운영 • 학생,교사 단말기(패드)에서 클라우드 시스템을 이용하여 매직글라스, 전자칠판 등에 자료화면을 전송하여 학습활동

* PDLC : Polymer Dispersed Liquid Crystal

5. 기대효과

- 사용자 간 실시간 자료 전송기능을 제공하여, 학생들에게 동기를 부여하고 적극적인 학습 참여를 유도
- 실시간 화면 공유로 인하여 교실 내의 물리적인 거리에 제약받지 않고 선생님과 학생들에게 수업의 효율성을 극대화
- 멀티미디어 환경적용을 통하여 전자칠판 보조기능 활용으로 학습활동 가능

6. 발전방향

운영 관점	• 전자칠판 보조 기자재로 자유롭게 활용하고 협력학습, 모둠학습, 창의학습 활동으로 매직글라스를 활용 • 매직글라스 활용 연계 수업 관련하여 교사 학습콘텐츠 공동개발을 통한 학습활동 공유 실시
기술 관점	• 고해상도 스마트월 기술을 적용하여 표출화면(120인치 이상) 구성 • 보조 전자칠판 활용 • 모바일 화상 강의[강의실과 모바일(Phone/Tablet)] 연계

14 스마트테이블(Smart Table)

1. 목적

스마트테이블(Smart Table)은 AUI(Attentive User Interface) 기반 인터랙티브 스마트 디스플레이 시스템으로서 교육 보조의 목적으로 기술과 교육서비스, 체험학습의 경험

을 접목하여 새로운 가치를 창조하고, 학생들에게 직관적이고 능동적으로 학습활동을 지원한다.

2. 구성장비 내역(기능 및 제원)

구분	기능	제원
셋톱 박스	• 방식: 손터치와 펜터치 방식 혼용, 멀티 터치 기능 • 테이블 사이즈: 이동성 고려 최적화	• CPU: 2.6 G • CORE: 2 • MEMORY: 32 GB • 10/100/1000 Base T(RJ-45) • O.S: Windows7
46인치 LCD TV	• 스마트테이블 멀티터치 기능(6POINT) • 미디어(자료) 공유 및 운영	• 화면크기: 46인치 • 해상도: 1920*1080 • 명암비: High Contrast • 음성출력: 10 W * 2

3. 장점 및 단점

장점	단점
• 스마트테이블 멀티터치 기능 지원 • 멀티터치 기능을 활용한 다양한 에듀테인먼트 콘텐츠 구동 • 다양한 어플리케이션 활용에 의한 학습효과지원 • 이동식 수업에 적합한 장비의 편리성	• 시스템 운용에 필요한 활용 교육 • 다양한 콘텐츠 활용을 위한 유해성 검증

4. 용도 및 사용방법

용도	사용방법
• 학년별 교육 어플리케이션 활용을 통한 보조교육 학습 • 스마트테이블 운용시 스스로 시행학습을 위한 참여수업 유도 • 멀티터치 기능에 의한 저학년 감각학습	• 스마트테이블 연동 셋톱박스(PC) 전원 ON • 스마트테이블 모니터(TV) 전원 ON • 스마트테이블 메인화면 어플리케이션 및 콘텐츠 작동 • 사용 후 전원 OFF 및 주변 정리정돈

5. 기대효과

- 스마트 장비와의 친숙함을 통하여 보조학습 효율성 증진
- 콘텐츠 활용을 통한 간접 체험활동 및 감각학습 가능
- 이동식 학습을 통한 참여수업 활성화
- 학생들의 자유로운 학습활동 및 수준별 콘텐츠 적용

6. 발전방향

운영관점	• 스마트테이블 운영 시 스스로 시행학습을 통한 참여수업 활성화 • 멀티터치 기능에 의한 저학년 감각학습 활동 • 다양한 콘텐츠 활용을 통한 학습효과 극대화 • 협력학습 및 간접 체험학습을 통한 재미나는 학습활동 전개
기술관점	• 사용자 계층의 니즈(Needs) 분석을 통한 시나리오 제작 및 다양한 콘텐츠 개발 • IDS(Interactive Display System)의 구체적 기능 도출 및 스마트 에듀케이션 보조 도구로 극대화 • 스마트미러(Smart Mirror), 스마트픽처(Smart Picture), 스마트디스플레이(Smart Display) 등 다양한 적용

15 창의체험마당(Interactive Rug)

1. 목적

동작인식기술을 이용한 인터랙티브 영상 시스템으로 직접 스크린 속에 참여하여 영상과 반응되는 신체 행동을 익히고 이를 개별 또는 그룹별 프로그램으로 구성하여 놀이와 게임이 가능한 체험형 학습시스템으로써 영·유아들의 민첩성과 협동정신을 고취하는데 목적이 있다.

2. 구성장비 내역(기능 및 제원)

구분	기능	제원
본체	• 방식: 사람이나 도구의 움직임을 인식하여 영상으로 반응을 표현 • 스크린 크기: 교실환경에 최적화 크기로 구축(최적 = 가로, 240 cm, 세로 180 cm) ※ 시스템당 1개 스크린 구현	• CPU: 3.2 GHz • CORE: dual • MEMORY: 2 GB • HDD: 500 G • O.S: Linux
동작 인식 센서	• 사람의 동작 인식 • 물체(도구) 동작 인식 • 저조도에서도 인식 가능한 적외선 감지	• 카메라: 고해상 550TVL • 센서: 적외선 • 줌 / 포커스 조절
빔 프로 젝터	• 인터랙티브 영상 투사 • 효과음, 배경음의 오디오 출력	• 투사방식: LCD • 해상도: XGA(1024*768) • 밝기: 4500안시

3. 장점 및 단점

장점	단점
• 스크린 바닥에 별도의 장치나 센서 설치 불필요 • 본체 스케줄 기능의 자동 on/off 지원 • 사람은 물론 물체(도구)도 인식 • 1개 스크린에 참여자 제한 없이 여러 명의 참여가 가능한 멀티 인식 • 콘텐츠 업데이트로 다양한 프로그램 구성 가능	• 구성장비 활용을 위한 사전 교육 필요 • 빔프로젝터 램프의 주기적 교체 필요 • 빔프로젝터 투사 특성상 일정한 조도가(200룩스 이하) 확보되는 공간 필요

4. 용도 및 사용 방법

용도	사용방법
• 참샘초 2층, 4층 복도 공간에 설치하고 휴식 시간에 운영 • 실제 동작에 영상이 반응하므로 참여도와 집중도가 높아 운동성, 민첩성 학습 시 이용 • 개별 또는 단체 참여 필요시 ※ 구성요소 → 본체, 동작인식센서, 빔프로젝트, 바닥 스크린	• 사용시 → 본체 전원 ON → 빔프로젝터를 리모컨으로 ON • 종료시 → 무선키보드로 본체 OFF → 빔프로젝터를 리모컨으로 OFF • 볼륨 조정 → 빔프로젝터 무선리모컨의 볼륨 업다운 버튼으로 조정

5. 기대 효과

- 휴식 시간에 인터랙티브 러그를 활용하여 좀 더 동적이고 체험적인 놀이를 함으로써 기존의 단순하고 정적인 휴식 시간 활용을 탈피함
- PC게임, 스마트폰과 같이 혼자 하는 놀이가 아닌 여럿이 함께 참여하고 즐김으로써 공동체 의식과 사회성을 키움

6. 발전 방향

운영 관점	• 현재 놀이 위주의 콘텐츠에 교육 콘텐츠를 추가 개발하여 교육적인 효과 강화 • 인터랙티브 러그 놀이 활동 관련하여 교사와 전용 콘텐츠 공동개발을 통한 학습활동 공유 실시
기술 관점	• 설치 조건 완화: 고해상도의 스크린 기술을 적용하여 좀 더 밝은 공간에서도 설치 • LED램프가 탑재된 빔프로젝터 기술을 적용하여 추가적인 램프 교체 비용 절감

16 전자 사물함(RFID Digital Touch Key system)

1. 목적

첫마을 학교는 스마트학교 시스템을 전면 도입하여 설립됨에 따라 교사 및 학생사물함도 학생용 RFID 터치식 전자키[20]를 설치하여 이용자(학생)편의성 향상 및 사물함 관리를 강화하고, 교사용 서류는 관리보관이 용이하도록 담당자의 RFID카드를 사용하여 문서의 보안성을 극대화한다.

---

20) (주)엠에스코리아에서 개발한 RFID 터치식 전자키(김문수 대표이사. www.mskorea21.com)

2. 구성장비 내역

구분	제원		비고
무선 사양	사용 주파수	13.5625 MHz	
	출력	10 m 거리에서 93.5 dBμv/m (47.544 mV/m) 이하	
	채널 수	1 CH	
	전파 형식	A1D	
	사용 환경	온도 −10 ~ 50℃, 습도 0 ~ 95%	
규격	본체 재질	PC(폴리카보네이트)	
	구동 방식	전동 방식	
	표시 장치	LED(적색, 녹색) / 터치버튼(청색)	
	비상 전원 공급 장치 내장		RFID/USN 등의 무선설비 (13.56 MHz 대역)
	비정상 동작 및 강제 개폐 시 경고음 발생		
	RFID 카드 및 터치식(passward)의 겸용 사용 가능		
기능	전자학생증(교직원증)을 이용한 RFID 카드 사용으로 사물함의 관리가 용이함		
	RFID 카드 분실 시 분실카드 부정 사용 방지		
	스마트학교 시스템과 상호 호환 가능		
	고유의 일련번호 ID 사용으로 동일 키 생산 불가능		
	대기 전력 차단 회로 구성(건전지 소모 방지)		
	사용 시에만 전력을 공급하는 회로 구성과 무작위 터치로 인한 전력 소모 방지 기능		
동작주파수	13.56 MHz		
전원	DC6V(1.5V AA 4개) 건전지 사용		

3. 장점 및 단점

장점	단점
• 기능적 측면 − 13.56 MHz 적용 − 학생증, 도서대출증, 동시겸용 사용 가능 − 카드사용과 겸용으로 터치겸용으로 사용 가능 − 개인사물 및 개인소지품, 도서, 참고서 분실 방지 역할 − 사물함 파손을 방지함 − 교우간 분쟁의 소지를 미연에 방지함	• 돌출형으로 되어 있어 매립형 개선이 필요 • 터치의 경우 인체로만 터치를 해야 함

4. 용도 및 운영방법

용도	운영(사용)방법
• 학생들의 학생증을 그대로 사용하여 사물함을 사용할 수 있다. • 교사는 마스터카드를 가지고 있음으로써 통합관리가 용이하다. • 사물함(보관함)의 도난분실방지를 사전에 차단할 수 있다.	• 개인이 소지하고 있는 출입카드로 사물함(보관함)을 직접 제어하여 물품보관을 용이하게 한다. • 사용자 특성에 맞는 비밀번호를 설정할 수 있다. • 학년이 바뀌어도 새로운 비밀번호 등록/취소가 쉽고, 부정카드 발급이 불가능하다.

06

스마트학교
공간 및 가구 디자인

01 공간 디자인

스마트학교는 '유비쿼터스 기반의 학교', '생태 지향적 학교', '즐거운 학교', '지역사회와 연계된 학교', '안전한 학교'를 기본설계에 반영하여 설립하였다.

1~4층의 복도 공간을 학생들의 커뮤니티 공간으로 학생의 인성과 감성을 살릴 수 있도록 창의체험 마당의 공간을 마련하였으며, 각 층별로 글로벌공간(1층), 인성공간(2층), 감성공간(3층), 지성공간(4층) 등 특성화된 공간을 구성[21]하였는데 이는 교실 밖에서도 자유롭게 학생들이 협력하고 수업할 수 있는 공간을 제공하기 위한 장소다.

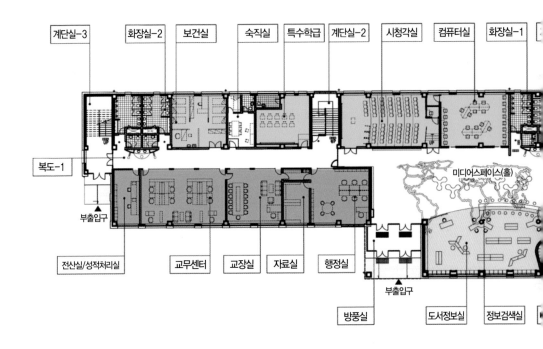

---

21) 건축설계(DMP 건축사 사무소, 김정식 · 김혁 공동대표, http://www.dmppartners.com),
　　인테리어(L & K DESIGN, 백철실장, http://lnkdesign.co.kr),
　　가구디자인(DIVANI, 장재철 사장, http://divani.co.kr)등을 제공받아 재구성함

01 글로벌공간(GQ/세계성): 1층

글로벌공간은 우리의 꿈나무들이 '세계의 인재로 뻗어나간다'라는 의미에서 세계지도를 형상화하여 바닥 패턴에 적용하였다.

관리실인 교장실, 교무실, 행정실은 유리 벽면으로 투명성을 주어 닫힌 공간이 아닌 열린 공간으로 언제나 학생과 교사 간의 의사소통이 원활이 이루어지도록 하였다.

학교 하면 학생들이 공부하는 공간이라는 틀에서 벗어나 지역주민 또는 학부모들과 소통할 수 있는 공간(지역사회와 연계된 학교)으로 1층 로비 및, 컴퓨터교실, 시청각실, 도서정보실, 식당 등으로 영화감상, 문화 교류, 예술 창작 활동, 다양한 행사들을 주관, 배움을 나누어 갖는 공간으로 문화 소통 및 다목적 공간 및 홍보전시 공간들로 구성하였고, 정보검색실, 도서 정보실들은 자유분방한 배치 및 OPEN 형태로 언제 어디서나 정보검색이 가능한 공간(유비쿼터스 기반의 학교)으로 디자인하였다.

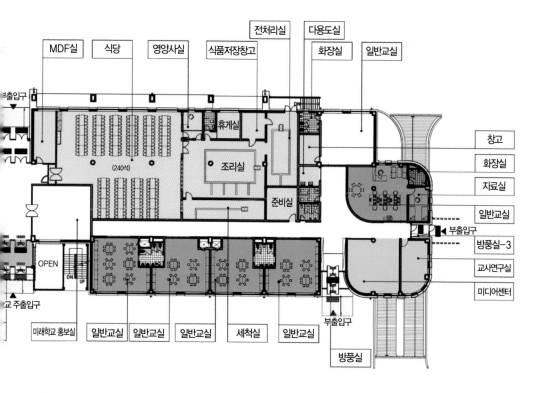

전체적인 마감 색상은 white와 orange color, natural wood 색상을 사용하여 편안하고 온화한 분위기를 표현하고자 하였다.

1. 도서정보실

- 분실방지 시스템
  부착된 태그를 확인, 자료가 무단 반출되지 않도록 출입구를 감시
- 자가 대출/반납기
  RFID 학생증과 도서관 자료를 스캔시켜 미들웨어 서버를 통한 도서관 대출/반납시스템
- RFID 미들웨이
  RFID 도서관리 시스템을 통한 대출, 반납, 목록관리, 보안활동
- 장서점검기
  도서관 목록 파악
- 사서용 데스크톱 리더
  반납 시 사서용 데스크톱 리더 활용

2. 일반 교실

- 선생님과 학생, 학생과 학생 간의 자료 전송 및 학습공유로 효과적인 양방향 학습 환경 구축
- 디지털 판서 방식, 옵션 제공
- 다양한 자료 뷰어 제공
- 모둠학습 지원
- RFID 전자학생증/교직원증을 학교 내 설치된 RFID리더기에 태깅
- 개인에 맞는 콘텐츠를 제공함으로써 개인정보 확인에 필요한 절차를 편리화 및 간소화
- 노트북, 실물화상지, 외부저장장치를 전자교탁과 연결하여 전자칠판과 연동

교수학습지원 솔루션

양방향 학습 연동 솔루션

학습자 기능(학생단말기)

- 실시간 화면 공유기능
- 화이트 보드 통한 그룹 학습 가능
- 문제 복습 및 자기 주도 학습 기능
- 쓰기,지우기 등 판서 기능

교수자 기능(선생님단말기)

- 학생 통제 및 첨삭 기능
- 맞춤형 멘토 학습 지도 기능
- 편리한 저작도구를 이용한
  교수학습 보조자료 작성

교수자 기능(전자칠판)

- 페이지 및 가상칠판 기능
- 콘텐츠 활용 및 인용 기능
- 실시간 멘토학습 기능
- 쓰기, 지우기등 판서 기능

연동 및 확장성기능

- 다양한 단말기(iOS,Android,MS) 호환성 제공
- 전자칠판,실물화상기 등 다양한 학습기기 연동
- 클라우드 환경 호환성 제공

교수학습지원 및 양방향 학습 연동 솔루션의 기능 설명

3. 시청각실

- 빔프로젝트와 3D 연동 PC를 통한 영상자료의 시청 및 3D영상 시청 수업 실시
- 학부모 교육 및 문화공연, 영상자료 시청
- 다양한 영상자료 및 강의를 통한 진로교육 실시, 자치교육 활성화
- 학년별 발표활동의 장소로 활용, 학생들이 다양한 방법으로 자기표현을 할 수 있는 기회 제공

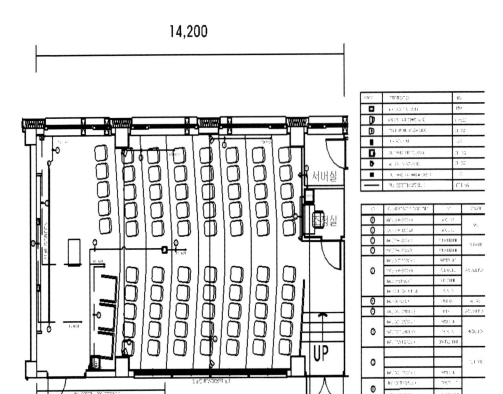

14,200

참샘초등학교 시청각실 AV설비 평면도

시청각실 설치도면

4. 홍보관

- 미디어스페이스홀, 화상학습시스템, VR체험실 등 미래학교 홍보, 학교안내

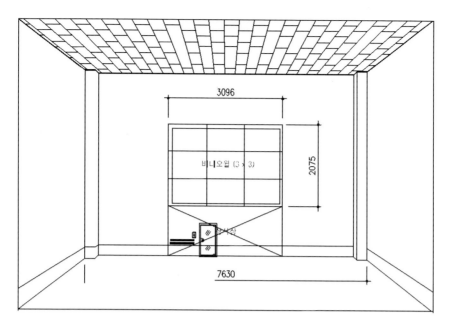

3096

2075

비니오월 (3 × 3)

7630

홍보관 비디오월 설치 도면

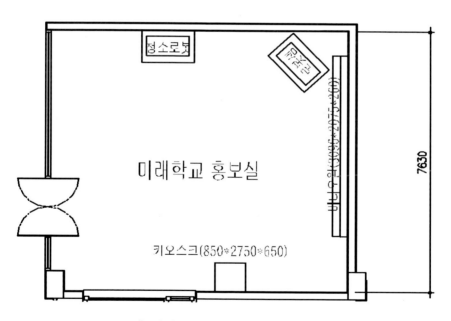

청소로봇

미래학교 홍보실

비디오월(3096*2075*200)

7630

키오스크(850*2750*650)

홍보관 키오스크, 로봇샘, 청소로봇 설치 도면

02 인성공간(PQ/인성): 2층

우리의 아이들이 사회에 적응하기 위한 기초 공부를 시작하는 단계로 개인의 사고와 태도의 기초 교육이 시작되는, 즉 "뿌리는 교육 기초의 시작이며, 나무는 곧은 길"(생태지향적 학교)을 이끌어 주는 초석의 기반을 두고 2층을 인성공간이란 컨셉으로 정하였으며 바닥에 자연과 나무를 패턴화 디자인을 표현하고자 하였다.

저학년의 교육공간 및 누리관으로 구성되어 있으며, 사계절 자연학습을 할 수 있는 공간을 조성하고자 중앙 홀 바닥에 자연적인 요소인 흙과 나무의 소재를 패턴화하여 쾌적하고 편안한 자연학습 공간을 조성하였다.

생각키움실 공간에 아이들이 구연동화 또는 창작 발표회를 할 수 있는 공간을 연출하고, 창의체험마당을 만들어 학생들이 다양한 협동학습을 통하여 흥미로운 학습 환경(즐거운 학교)을 조성하였고, 가상 체험실에서는 실제체험이 어려운 우주 공간, 루브르 박물관 체험 및 외국 지하철 승하차와 같은 교과 이론에 대한 이해를 도울 수 있는 학

습 체험을 경험할 수 있으며 영어학습에 자신감과 흥미를 더해주기 위해 "로봇샘" 영어교사를 보조하여 선생님과 영어수업을 하게 된다.

화상학습실도 갖추어져 있어 국내학교는 물론 외국학교와 화상 수업을 할 수 있어 실시간 강의가 가능하며 정보교환도 가능하게 하였다.

전체적인 마감 색상 또한 white와 green color, natural wood 색상을 사용 심리적인 안정성과 자연스러움을 표현하였다.

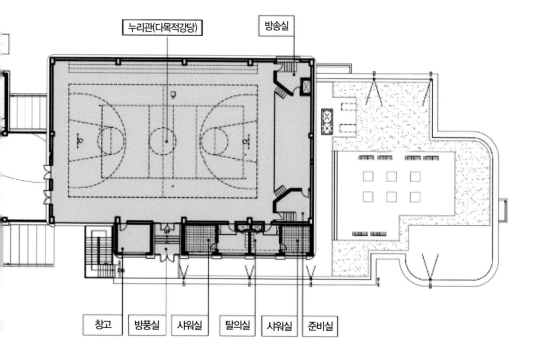

1. 생각키움실(Play Space, 발표, 전시, 공연 공간)

- 칸막설치형(실내)
  - 유형: 실내 상시 설치
  - 설치: 3D 빔프로젝터, 대형스크린, 컴퓨터
  - 장비 위치: 생각키움실 내 위치한 밀실
  - 음향: 별도 스피커
  - 제어: 프로젝터 리모콘
- 3D 빔프로젝터는 다양한 콘텐츠를 보다 실감나게 접할 수 있게 해주는 장비로써 여러 교과 활동에서 사진, 영상콘텐츠 활용의 비중이 큰 활동에서 효과적으로 작용함
- 터치인식 대형 스크린, 넓은 공간, 쿠션의자들이 배치되어 있어 학년 단위의 레크리에이션, 동아리 활동 환경 조성

2. 창의체험마당(Interactive Rug)

- 바닥에 투사된 영상에서 사람이나 물체의 움직임을 감지하여 영상 콘텐츠가 반응하는 시스템
- 영상과 동작인식이 결합된 인터랙티브 시스템은 자신의 움직임에 따라 다양하게 연출되는 반응 영상 시스템으로 높은 참여율과 반복 참여를 유도
- 화면에 제공되는 다양한 콘텐츠를 활용하여 학습 활동 시 실내 신체활동이 가능한 환경 제공

3. 화상학습실

- 모바일(Phone/Tablet) 화상강의 진행
- 국내 및 해외 학교와 실시한 양방향 수업 및 정보교환
- 학교 내 텔레프레즌스와 연계 가능한 곳에서 원격 화상으로 회의 진행
- 원격화상회의시스템을 이용, 각 분야의 전문가로부터 전문지식 습득
- 해외에 있는 한국학교 및 외국학교와 교류하여 다양한 국가의 문화 체험

4. 3D 가상현실체험실

- 학생이 학습 현장에 직접 방문하지 않아도 실제환경과 유사하게 만들
  어진 컴퓨터 3차원 가상공간 속에서 시각, 촉각, 청각 같은 감각들을
  이용하여 수업이 가능하도록 지원
- 학습자 중심의 몰입형 교육환경 제공
- 인터랙티브한 자기주도적 학습시스템
- 다양한 체험형 콘텐츠 확장
- IT와 교육의 컨버전스 서비스

5. 누리관(다목적 강당)

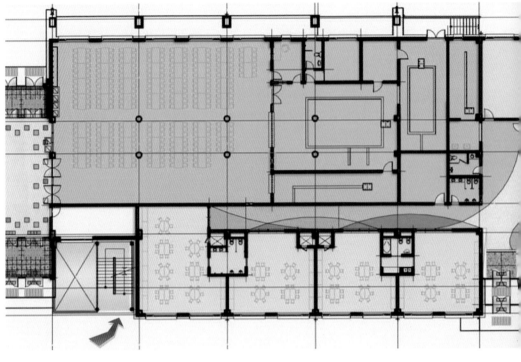

누리관 평면도 2

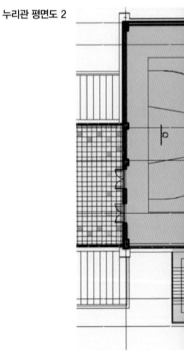

- 지역주민의 이용을 위하여 지하주차장 및 1층 출입구에서 강당으로 진입 계획, 편리성 도모
- 학생의 동선과 분리하고 학생들이 운동장 수업과 누리관 수업에 편리하게 이용하도록 계획
- 방과 후 지역주민의 이용에 편리
- 관리에 용이하도록 별도의 공간으로 출입이 가능한 외부에 출입구를 두어 편리성을 도모

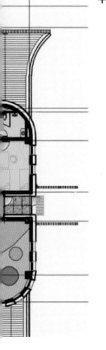

누리관 평면도 1

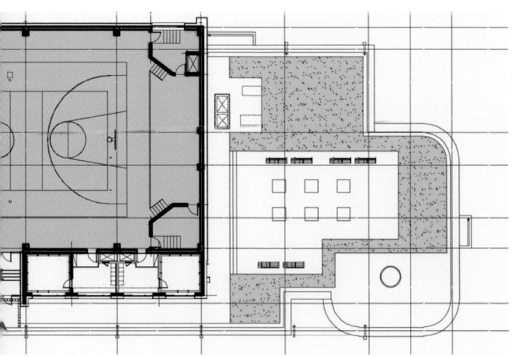

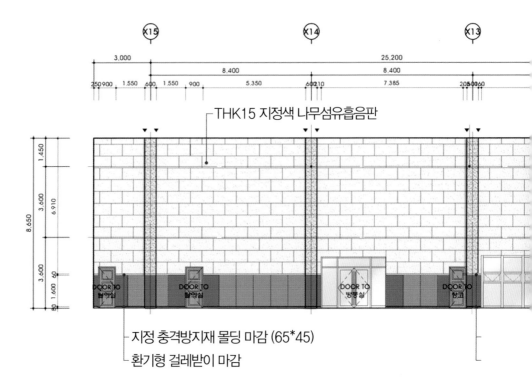

THK15 지정색 나무섬유흡음판

지정 충격방지재 몰딩 마감 (65*45)

환기형 걸레받이 마감

누리관 전개도 1

- 다목적강당 상부 벽체는 강당 사용시 발생하는 소음을 줄이고 쾌적한 사용을 위하여 흡음재를 설치
- 벽체의 수직 턱을 없애서 배드민턴 공 등이 올라가지 않도록 함
- 하부에는 안전을 위하여 충격 방지재를 설치 안전성을 확보

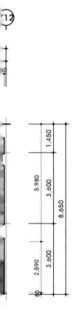

누리관 전개도 2

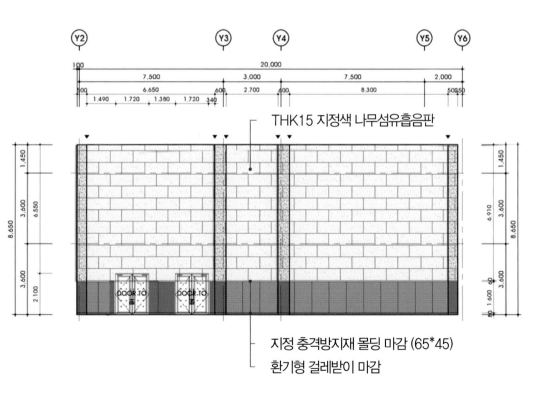

THK15 지정색 나무섬유흡음판

지정 충격방지재 몰딩 마감 (65*45)

환기형 걸레받이 마감

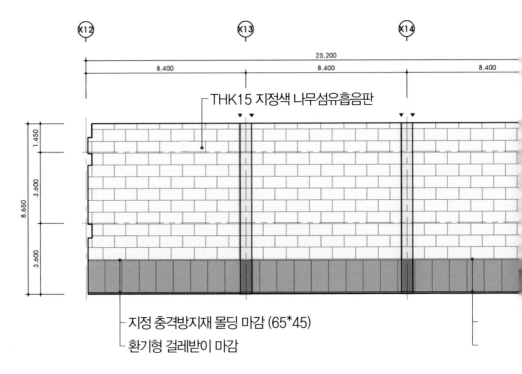

THK15 지정색 나무섬유흡음판

지정 충격방지재 몰딩 마감 (65*45)

환기형 걸레받이 마감

누리관 전개도 3

- 강당 무대 하부에는 서랍 형태의 수납공간을 마련하여 체육기구 등을 수납하도록 하여 사용상 편리성을 도모(전개도4)

누리관 전개도 4

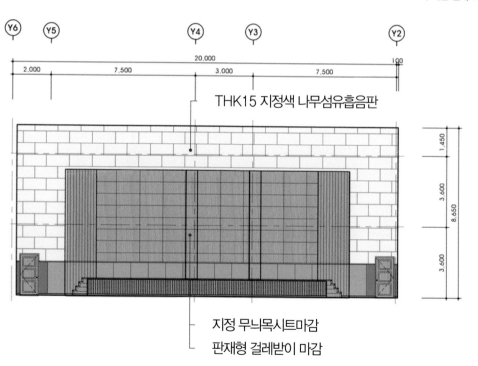

THK15 지정색 나무섬유흡음판

지정 무늬목시트마감

판재형 걸레받이 마감

03 감성공간(EQ/감성): 3층

3층은 3, 4학년 학습 공간 및 전학년의 문예 창작 활동을 할 수 있는 공간구성으로 미술실, 음악실을 배치하였으며 감성공간이라는 컨셉으로 예술사조 중 하나인 구성주의의 비례 요소를 디자인에 적용하고자 피아노 건반 및 물감을 패턴화하여 감성공간(즐거운 학교)을 표현하였다.

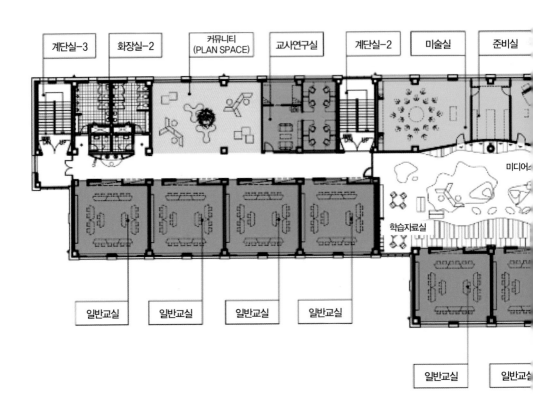

미술실 & 음악실 좌우 벽면은 공간들은 학생들 작품을 전시할 수 있도록 갤러리 공간으로 활용할 수 있도록 여백의 미를 주었으며, 전체적인 마감 색상 또한 흰색과 다양한 색상을 사용, 심플하면서도 밝고 경쾌한 분위기 연출을 표현하였다.

1. 생각키움실(Play space)

- 휴식시간에 학생들이 모여 이야기를 나누거나 놀이 활동의 공간으로 활용
- 학습장면에서 다수의 학생이 모여 자유로운 분위기에서 토의-토론학습이 가능한 공간

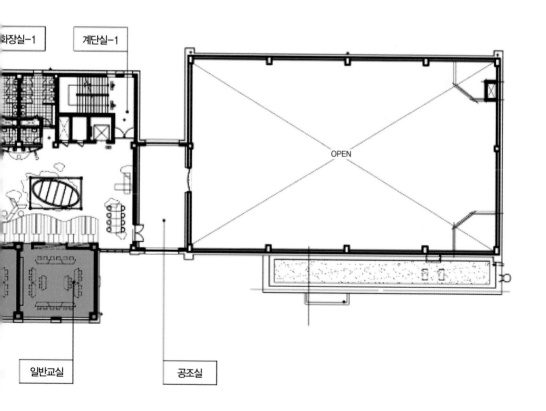

04 지성공간(IQ/지성): 4층

4층은 5, 6학년 학습 공간 및 과학실 등으로 공간 구성을 하였으며 과학이란 테마로 인테리어 컨셉을 지성공간이라 표현하였다.

우주, 자연 생태계에 대한 공부 및 모형제작, 화학 실험 등을 통하여 학습하는 공간으로 홀 바닥에는 우주 괘도를 패턴화하여 적용하였다. 과학실 벽면은 도형, 도표 다이어그램을 모티브로 한 오브제를 패턴화하여 디자인을 표현하였고, 학생들의 과학 창작 작품들을 전시할 수 있게 디스플레이 공간을 부여하였다. 중앙홀 및 생각키움실(Play Space)은 계단 형태의 단상을 만들어 창작 발표 공간으로 활용할 수 있고 과학 도서를 자유로이 탐구할 수 있는 공간으로 하였으며, 전체적인 마감 색상 또한 white와 warm gray, 색상을 사용하여 정적인 공간을 연출하였다.

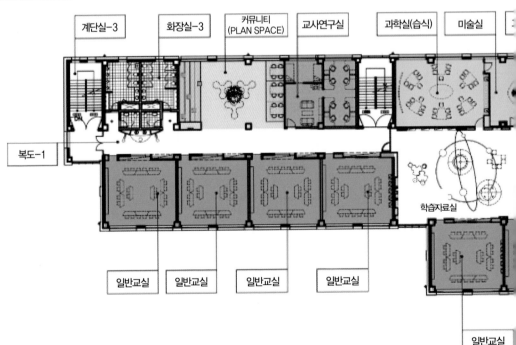

1. 과학실(건식)

- 창의력과 상상력을 자극할 수 있도록 설계된 오각형 모양의 내부 구조
- 5개의 천정형 빔프로젝터와 연동 PC를 통한 화면 시청 및 초고속 인터넷 활용
- 전자칠판과 같은 기능의 터치 및 화이트보드와 같이 직접 쓰고 지울 수 있는 터치식 실버스크린
- 무선 키보드와 무선 마우스를 넣을 수 있는 미래형 시스템 테이블을 설치, 학생 모둠학습 및 프로젝트 수업 시 편리하게 활용

2. 과학실(습식)

- 과학에 대한 선호도를 높이고 창의적 탐구력을 함양할 수 있도록 설계
- 빔을 통한 화면 시청 및 초고속 인터넷이 가능한 전자칠판, 스마트 패드로 실험과정을 탐색할 수 있는 최첨단 시스템 완비
- 과학실험 시 과학물품 세척에 용이한 개구시설과 실험도중 응급처치를 위한 안전샤워기 비치
- 학생들의 과학적 소질을 계발, 모둠 탐구 학습 및 실험 수업 시 편리한 환경 조성

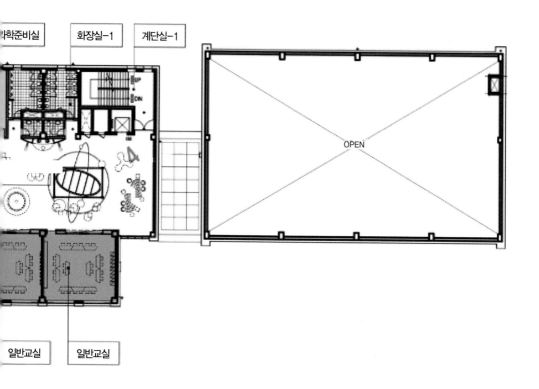

02 가구 디자인

스마트학교는 다양성과 편리성을 고려하여, 1층 글로벌공간, 2층 인성공간, 3층 감성공간, 4층 지성공간 등 특성화된 공간과 조화를 이루도록 가구디자인[22]을 하였다.

01 글로벌공간(GQ/세계성): 1층

---

22) L & K DESIGN(백철실장, http://lnkdesign.co.kr)과
    DIVANI(장재철 사장, http://divani.co.kr)에서 제공한 자료를 재구성함

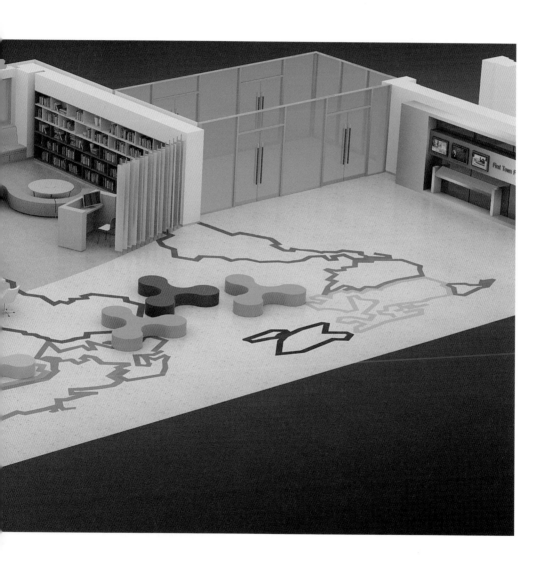

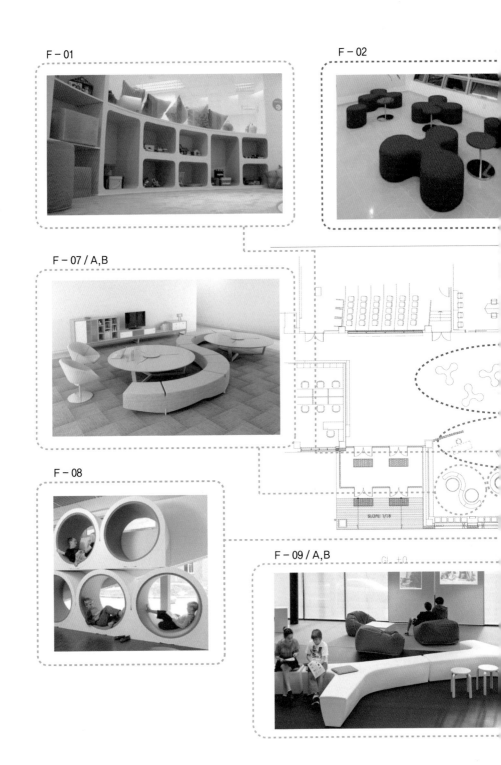

F – 01

F – 02

F – 07 / A,B

F – 08

F – 09 / A,B

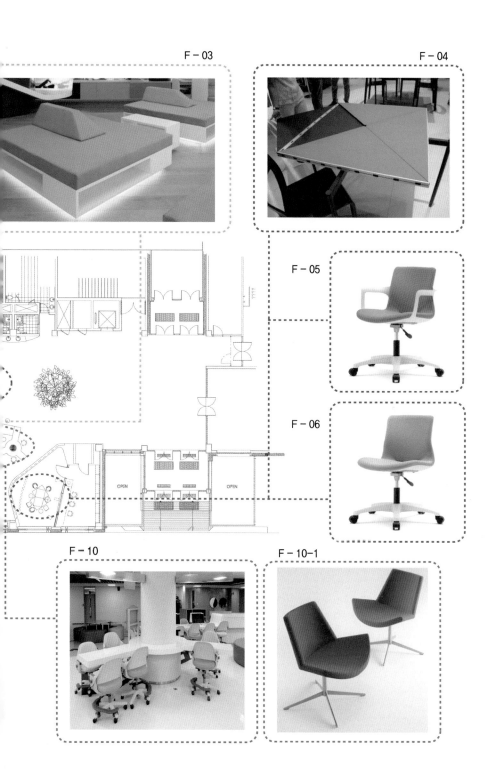

F – 03

F – 04

F – 05

F – 06

F – 10

F – 10-1

1. F – 01

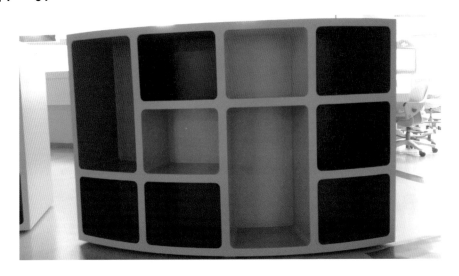

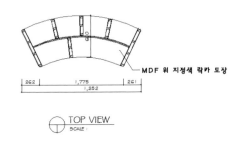

MDF 위 지정색 락카 도장

TOP VIEW
SCALE :

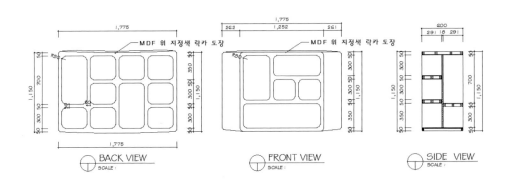

MDF 위 지정색 락카 도장

BACK VIEW
SCALE :

MDF 위 지정색 락카 도장

FRONT VIEW
SCALE :

SIDE VIEW
SCALE :

붙박이 책장 외에도 이동식 책장을 배치하여 어디서나 책을 보고 대화를 할 수 있도록 설계

2. F - 02

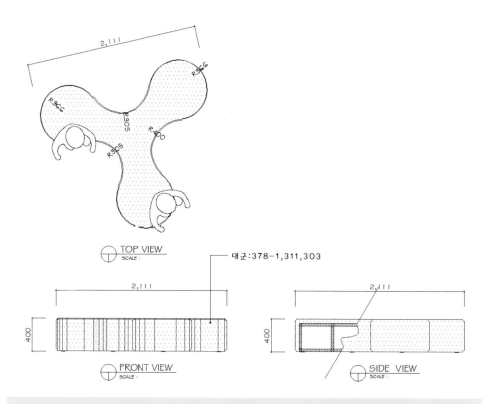

탁 트인 공간에 유기적으로 조합된 의자를 배치하여 아이들이 교실 밖에 나와 다양한 만남과 대화할 수 있는 장(場)을 구성

3. F – 03

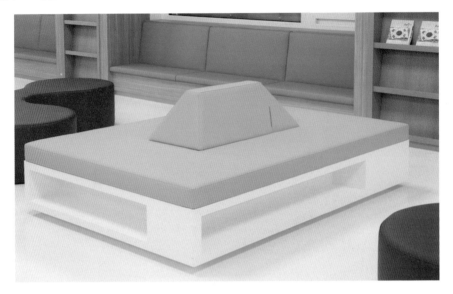

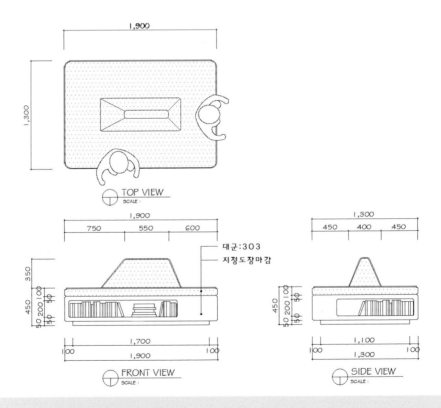

책장의 책은 물론 소파 밑에 있는 작은 책장에서도 자유롭게 가벼운 책을 볼 수 있도록 설계

4. F - 04

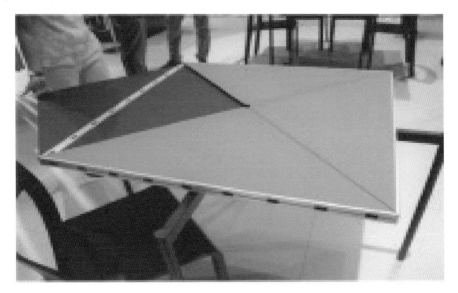

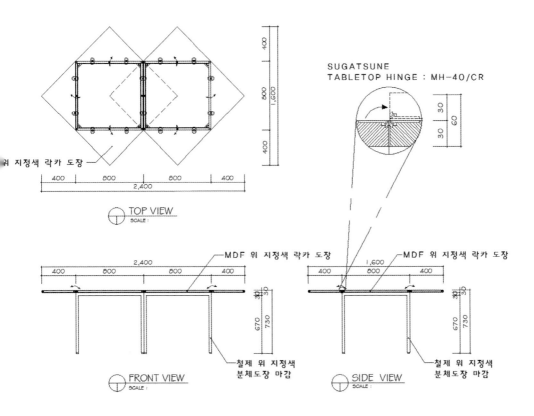

위 지정색 락카 도장

400 800 800 400
2,400

○T TOP VIEW
   SCALE :

400 800
1,600
400

SUGATSUNE
TABLETOP HINGE : MH-40/CR

30
30 60

MDF 위 지정색 락카 도장

2,400
400 800 800 400

30
30

670
730

철제 위 지정색
분체도장 마감

○F FRONT VIEW
   SCALE :

MDF 위 지정색 락카 도장

1,600
400 800 400

30
30

670
730

철제 위 지정색
분체도장 마감

○S SIDE VIEW
   SCALE :

5. F – 07 / A,B

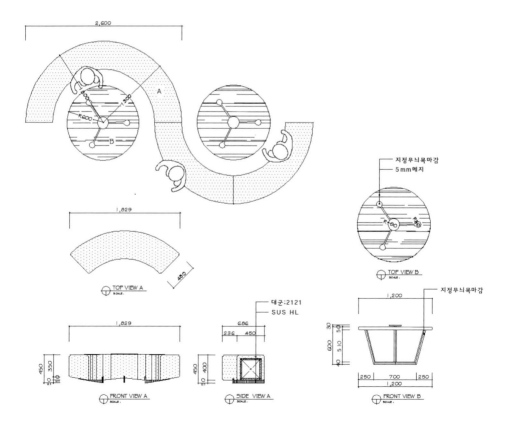

2,600

A

R500

R600

B

지정무늬목마감
5mm메지

1,829

450

TOP VIEW A
SCALE :

TOP VIEW B
SCALE :

1,829

450 350

FRONT VIEW A
SCALE :

대근:2121
SUS HL

686

236   450

450 400

SIDE VIEW A
SCALE :

지정무늬목마감

1,200

30

600

50

510

40 50

250   700   250
1,200

FRONT VIEW B
SCALE :

6. F – 08

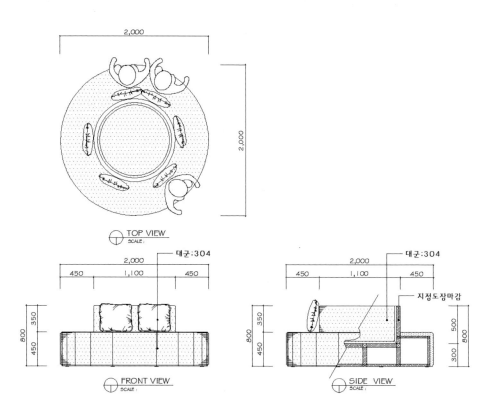

TOP VIEW
SCALE :

FRONT VIEW
SCALE :

SIDE VIEW
SCALE :

2,000

2,000

450 1,100 450

800 350 450

대균:304

대균:304

지정도장마감

500 300 800

7. F – 09 / A,B

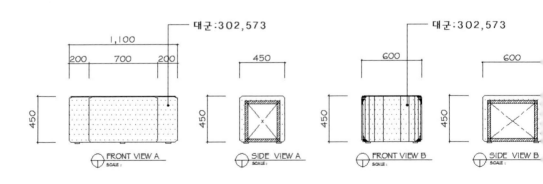

대군:302,573

1,100
200 700 200
450

FRONT VIEW A
SCALE :

450
450

SIDE VIEW A
SCALE :

대군:302,573

600
450

FRONT VIEW B
SCALE :

600
450

SIDE VIEW B
SCALE :

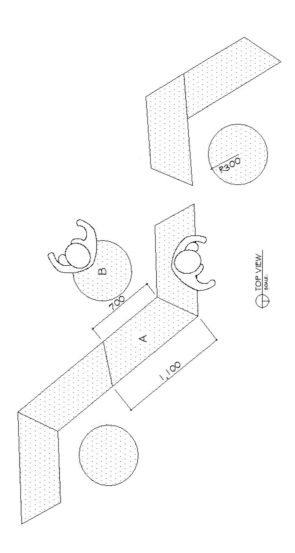

TOP VIEW
SCALE:

R300

B
700

A
1,100

02 인성공간(PQ/인성): 2층

미래를 꿈꾸는 스마트학교

F – 11 / A,B

F – 12 / A,B

F – 16 / A,B

F – 17 / A,B

F – 08

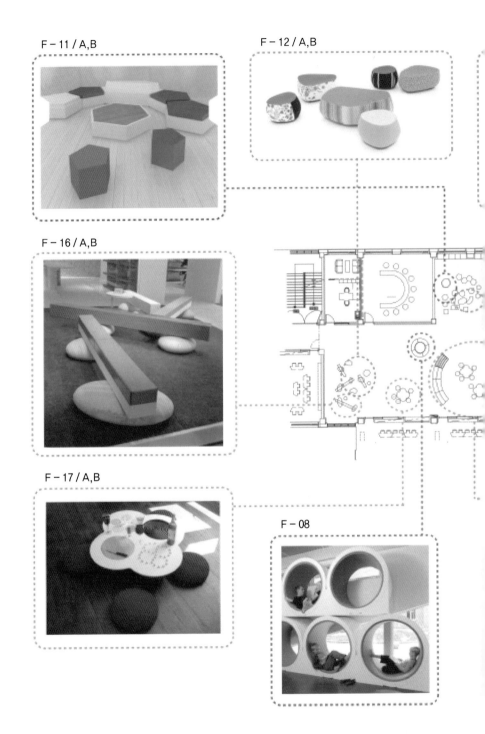

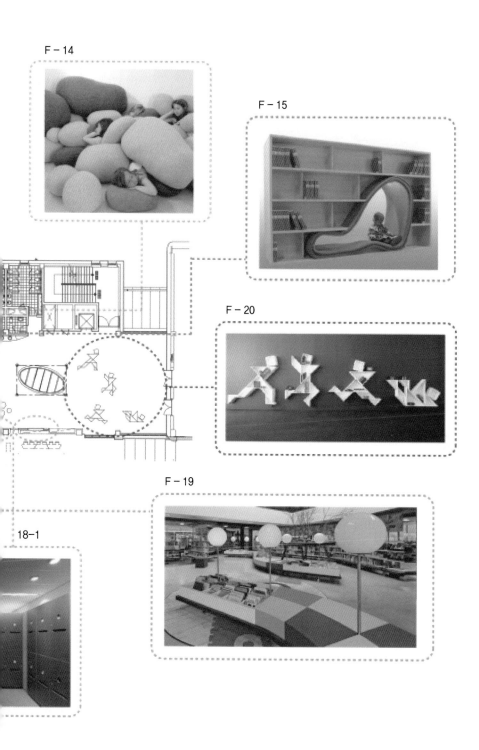

F - 14

F - 15

F - 20

F - 19

18-1

1. F – 11 / A,B

다양한 색상과 모양의 소파와 벌집 모양의 소파를 쿠션감 있고 등받이와 팔걸이 등이 없어 가볍고 쉽게 이동할 수 있도록 구성하여 모둠별로 학습발표를 하거나 교사와 학생간의 대화, 동화 구연 등 다양한 형태의 수업활동 가능

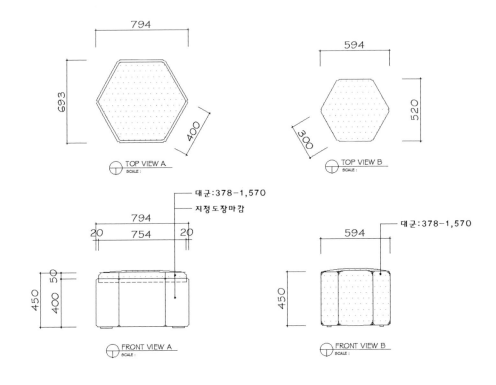

2. F – 12 / A,B

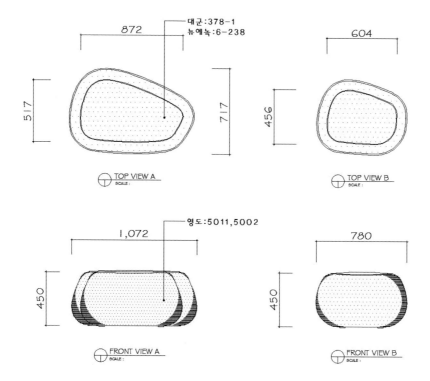

대균:378-1
뉴에녹:6-238

872

517

717

TOP VIEW A
SCALE :

604

456

TOP VIEW B
SCALE :

영도:5011,5002

1,072

450

FRONT VIEW A
SCALE :

780

450

FRONT VIEW B
SCALE :

3. F – 13 / A,B

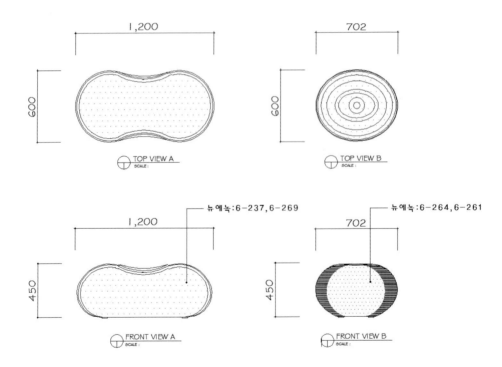

1,200

702

600

600

⊕ TOP VIEW A
SCALE :

⊕ TOP VIEW B
SCALE :

뉴에녹:6-237,6-269

뉴에녹:6-264,6-261

1,200

702

450

450

⊕ FRONT VIEW A
SCALE :

⊕ FRONT VIEW B
SCALE :

4. F - 14

공룡알 모양의 여러 가지 쿠션을 한데 모아 쉬는
시간이나 방과 후 활동을 위해 기다리는 잠깐의 틈
새 시간을 이용하여 편안하고 재미있게 쉴 수 있는
공간을 구성

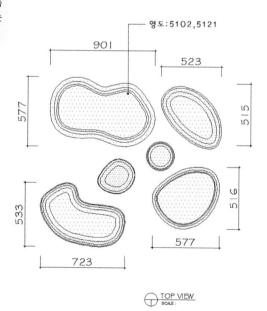

5. F − 15

* 현장 사이즈 실측 후 제작 (추후 분리제작 방안 협의)

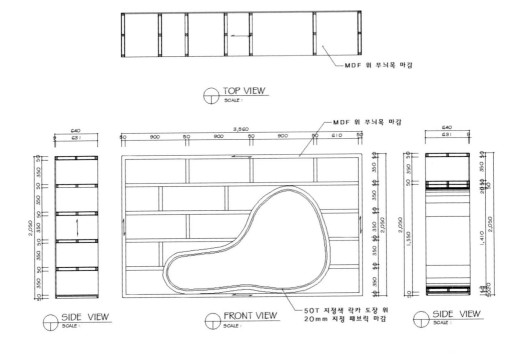

MDF 위 무늬목 마감

TOP VIEW
SCALE :

MDF 위 무늬목 마감

SIDE VIEW
SCALE :

FRONT VIEW
SCALE :

50T 지정색 락카 도장 위
20mm 지정 패브릭 마감

SIDE VIEW
SCALE :

6. F – 16/A, B

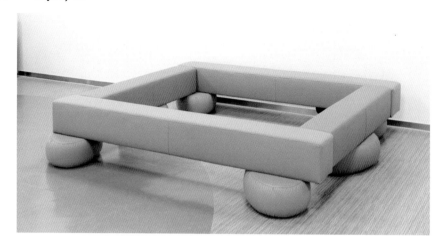

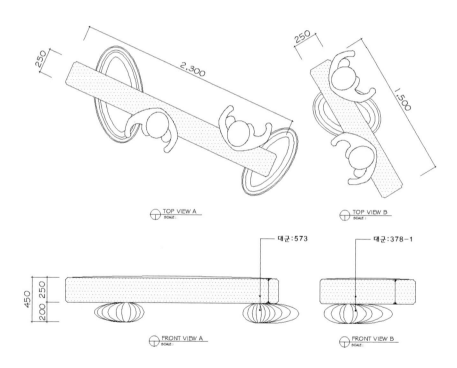

TOP VIEW A
SCALE :

TOP VIEW B
SCALE :

대군:573

대군:378-1

FRONT VIEW A
SCALE :

FRONT VIEW B
SCALE :

7. F – 17 / A,B

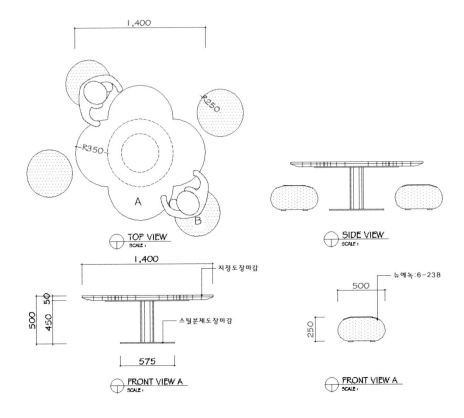

TOP VIEW
SCALE :

SIDE VIEW
SCALE :

FRONT VIEW A
SCALE :

FRONT VIEW A
SCALE :

1,400

R250

R350

A

B

지정도장마감

스틸본제도장마감

뉴예녹:6-238

500

50

450

575

1,400

500

250

8. F – 18 / A,B. 18-1

사물함은 교실 벽면의 색채와 어울리고 안정감과 편안함을 주는 색채를 선택 RFID와 버튼식 겸용 전자키를 부착하여 RFID 학생증으로 편리하게 개폐하는 데 이용

* 신발장 현장 사이즈 실측 후 제작

TOP VIEW
SCALE :

MDF 위 지정색 락카 도장

FRONT VIEW
SCALE :

열쇠잠금장치

MDF 위 지정색 락카 도장

SIDE VIEW
SCALE :

* 신발장 현장 사이즈 실측 후 제작

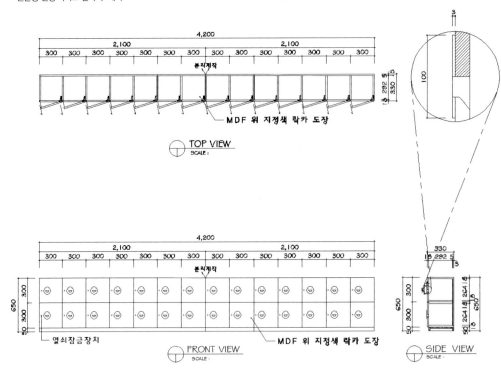

MDF 위 지정색 락카 도장

TOP VIEW
SCALE :

열쇠잠금장치

MDF 위 지정색 락카 도장

FRONT VIEW
SCALE :

SIDE VIEW
SCALE :

* 사물함 현장 사이즈 실측 후 제작, 전자키 별도 지원

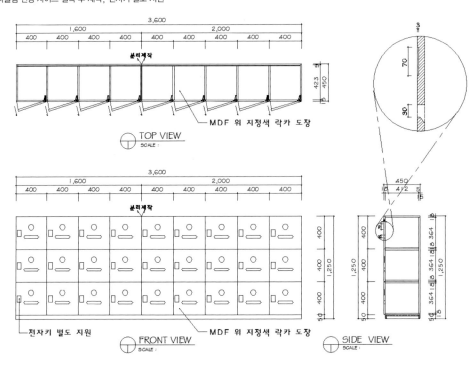

MDF 위 지정색 락카 도장

TOP VIEW
SCALE :

전자키 별도 지원

MDF 위 지정색 락카 도장

FRONT VIEW
SCALE :

SIDE VIEW
SCALE :

9. F – 19

부드러운 재질의 소파와 네잎클로버 모양
의 테이블로 구성하여 언제든지 딱딱한 분
위기에서 벗어나 편안하고 자유롭게 여러
테이블에 모여서 가벼운 책도 보면서 생각
과 의견을 교환

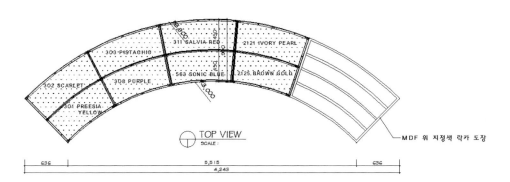

TOP VIEW
SCALE :

MDF 위 지정색 락카 도장

303·PISTACHIO   311 SALVIA RED   2121 IVORY PEARL

302·SCARLET   308·PURPLE   563 SONIC BLUE   2125 BROWN GOLD

301 PREESIA
YELLOW

636   5,515   636
4,243

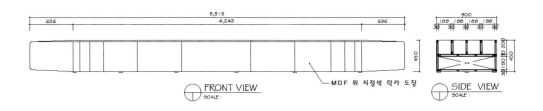

FRONT VIEW
SCALE :

MDF 위 지정색 락카 도장

SIDE VIEW
SCALE :

5,515
636   4,243   636

900
188 188 188 188

450

10. F - 20

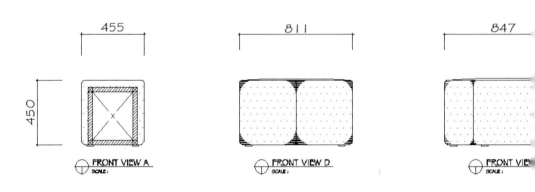

455

450

FRONT VIEW A
SCALE :

811

FRONT VIEW D
SCALE :

847

FRONT VIEW
SCALE :

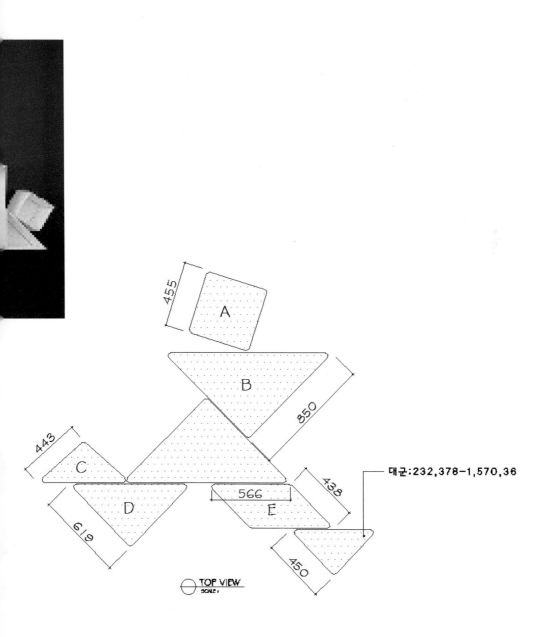

455

A

850

B

443

C

850

D

566

E

438

619

450

대균:232,378-1,570,36

○ TOP VIEW
  SCALE :

03 감성공간(EQ/감성): 3층

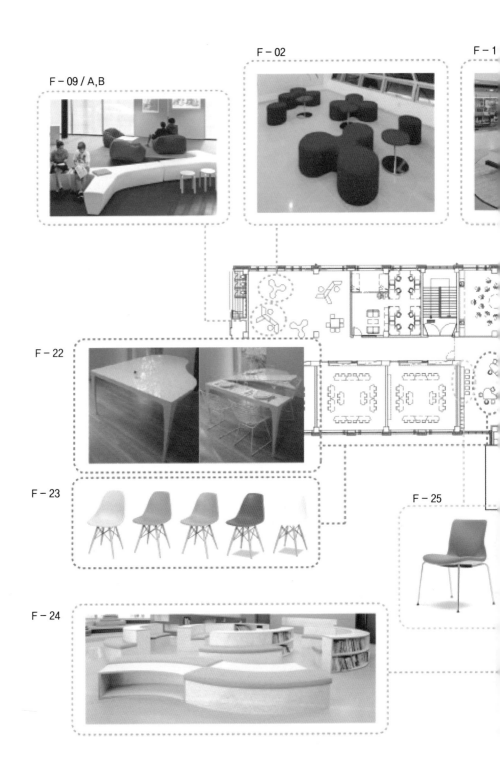

F – 09 / A,B

F – 02

F – 1

F – 22

F – 23

F – 24

F – 25

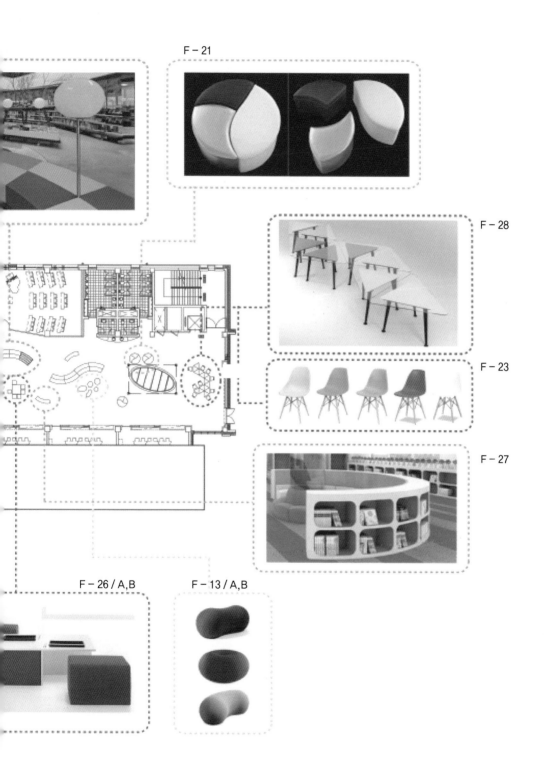

F - 21

F - 28

F - 23

F - 27

F - 26 / A,B

F - 13 / A,B

1. F – 09 / A,B

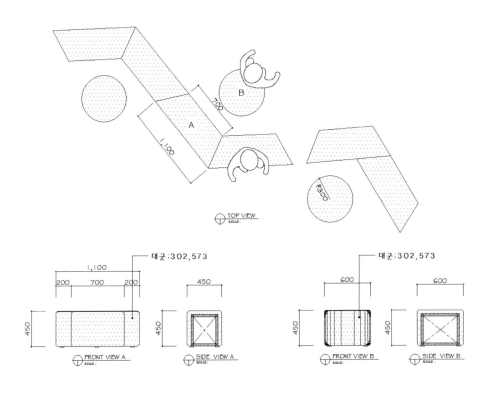

TOP VIEW
SCALE :

대군:302,573

1,100
200 700 200
450
FRONT VIEW A
SCALE :

450
450
SIDE VIEW A
SCALE :

대군:302,573

600
450
FRONT VIEW B
SCALE :

600
450
SIDE VIEW B
SCALE :

A
B
700
1,100
R300

2. F - 19

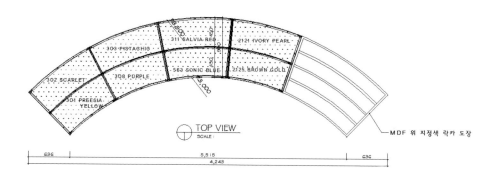

303·PISTACHIO
311 SALVIA RED
2121 IVORY PEARL
302 SCARLET
308 PURPLE
563 SONIC BLUE
2125 BROWN GOLD
301 PREESIA YELLOW

TOP VIEW
SCALE:

MDF 위 지정색 락카 도장

636   5,515   636
4,243

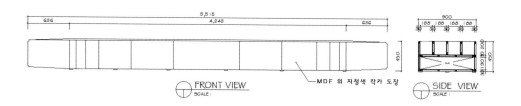

5,515
636   4,243   636

FRONT VIEW
SCALE:

MDF 위 지정색 락카 도장

SIDE VIEW
SCALE:

450

800
188 188 188 188

450

3. F − 21

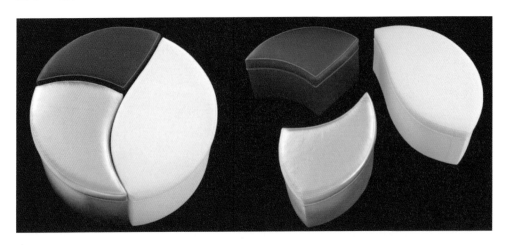

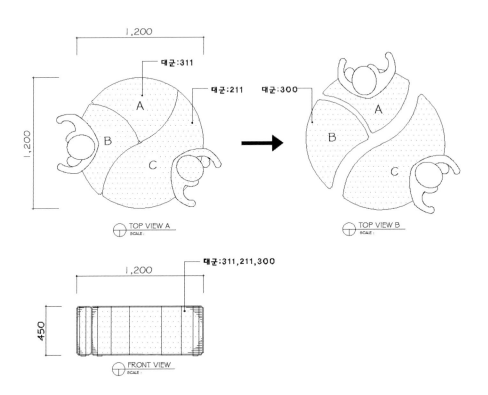

1,200

1,200

대균:311

대균:211

A

B

C

TOP VIEW A
SCALE :

대균:300

A

B

C

TOP VIEW B
SCALE :

대균:311,211,300

1,200

450

FRONT VIEW
SCALE :

미래를 꿈꾸는 스마트학교

4. F - 22

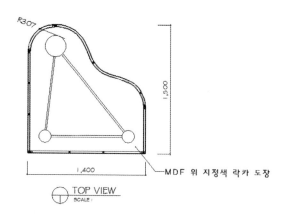

R307

1,500

1,400

MDF 위 지정색 락카 도장

TOP VIEW
SCALE :

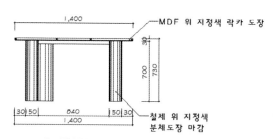

1,400

MDF 위 지정색 락카 도장

30

700

730

30 50 | 540 | 50 30
1,400

철제 위 지정색
분체도장 마감

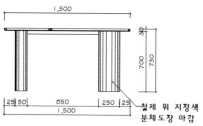

1,500

30

700

730

25 50 | 650 | 250 | 25
1,500

철제 위 지정색
분체도장 마감

5. F - 23

다양한 색상과 모양의 작은 테이블과 의자로 구성하여 자유롭게 여러 가지 배열과 공간배치를 통해 아이들의 작은 모임 과 학습활동 가능

6. F – 24

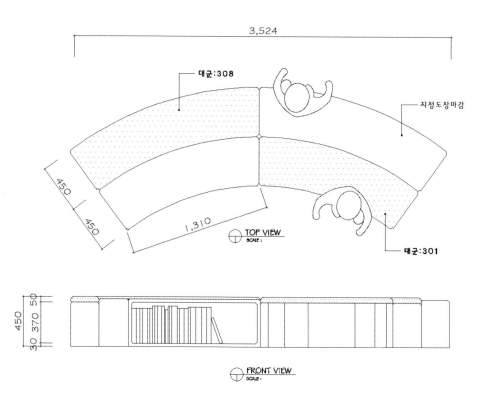

3,524

대균:308

지정도장마감

450
450

1,310

TOP VIEW
SCALE :

대균:301

450
50
370
30

FRONT VIEW
SCALE :

7. F – 26 / A,B

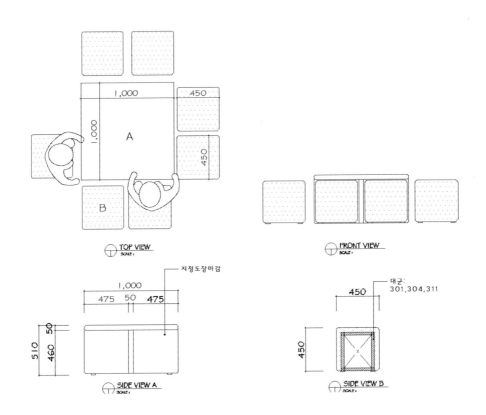

TOP VIEW
SCALE :

FRONT VIEW
SCALE :

SIDE VIEW A
SCALE :

SIDE VIEW B
SCALE :

지정도장마감

대군:
301,304,311

8. F - 27

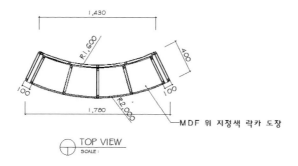

MDF 위 지정색 락카 도장

TOP VIEW
SCALE :

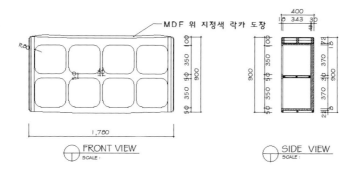

MDF 위 지정색 락카 도장

FRONT VIEW
SCALE :

SIDE VIEW
SCALE :

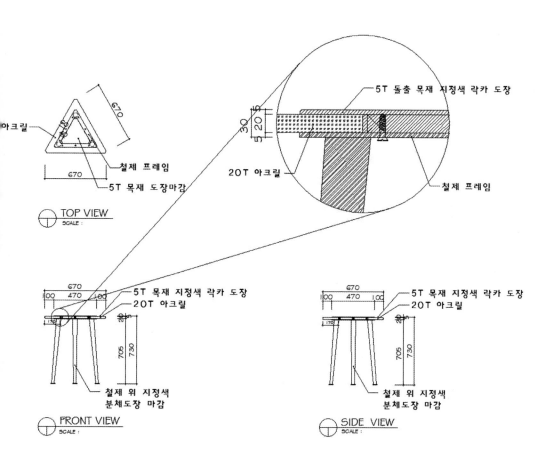

아크릴

670

철제 프레임

670

5T 목재 도장마감

⊙ TOP VIEW
SCALE :

5T 돌출 목재 지정색 락카 도장

30 20 5

20T 아크릴

철제 프레임

670
100 470 100

5T 목재 지정색 락카 도장
20T 아크릴

20 5

705 730

철제 위 지정색
분체도장 마감

⊙ FRONT VIEW
SCALE :

670
100 470 100

5T 목재 지정색 락카 도장
20T 아크릴

20 5

705 730

철제 위 지정색
분체도장 마감

⊙ SIDE VIEW
SCALE :

04 지성공간(IQ/지성): 4층

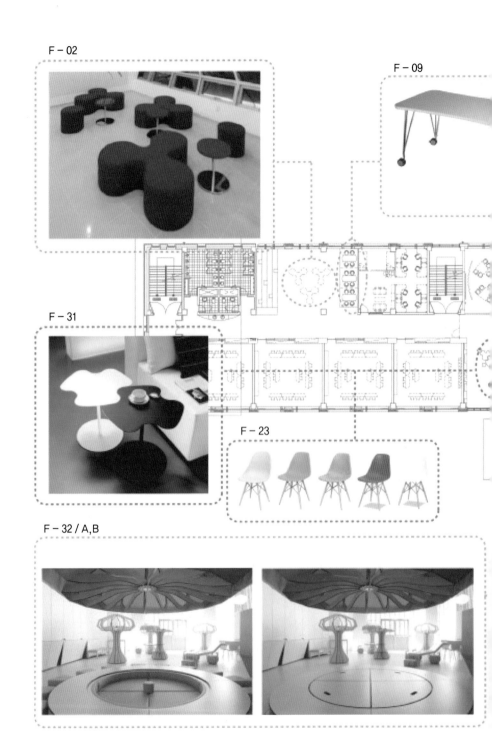

F – 02

F – 09

F – 31

F – 23

F – 32 / A,B

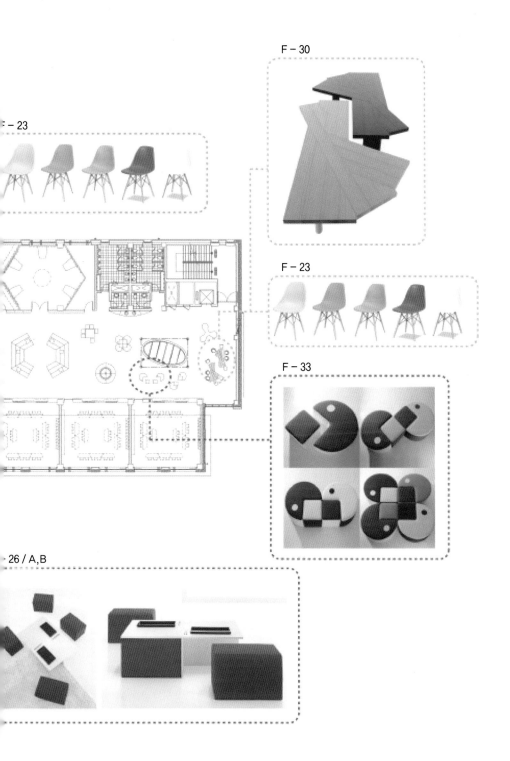

F - 30

F - 23

F - 23

F - 33

26 / A,B

1. F – 29

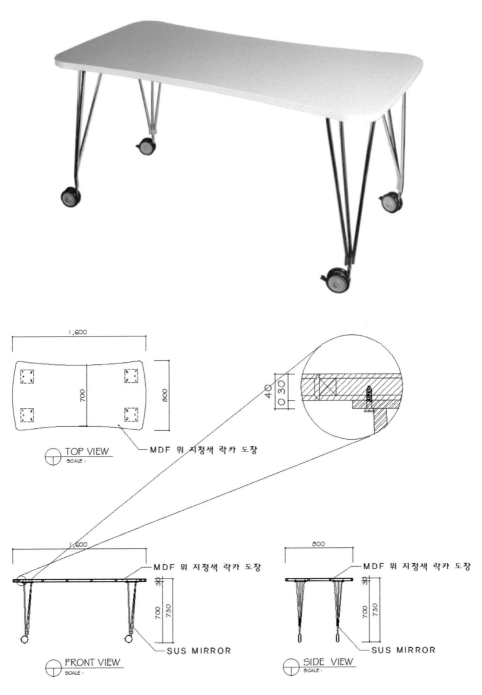

1,600

700

800

TOP VIEW
SCALE :

MDF 위 지정색 락카 도장

4Ø

Ø30

1,600

MDF 위 지정색 락카 도장

30

700

730

FRONT VIEW
SCALE :

SUS MIRROR

800

MDF 위 지정색 락카 도장

30

700

730

SIDE VIEW
SCALE :

SUS MIRROR

2. F – 30

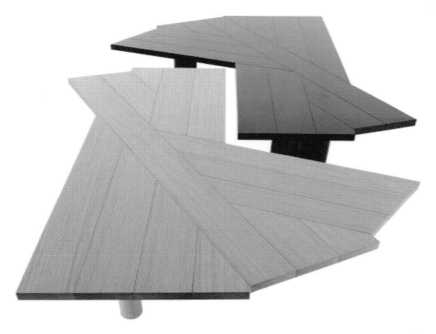

* 무늬목 방향 결대로

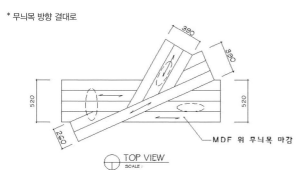

390
390
520
520
260

MDF 위 무늬목 마감

TOP VIEW
SCALE :

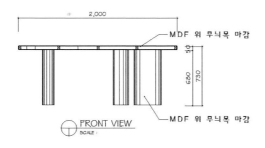

2,000

MDF 위 무늬목 마감

50
680
730

FRONT VIEW
SCALE :

MDF 위 무늬목 마감

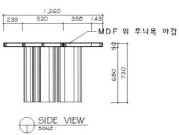

1,260
239   520   358   143

MDF 위 무늬목 마감

50
680
730

SIDE VIEW
SCALE :

3. F – 31

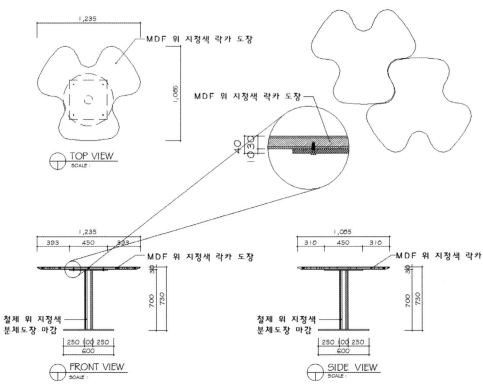

TOP VIEW
SCALE :

MDF 위 지정색 락카 도장

MDF 위 지정색 락카 도장

MDF 위 지정색 락카 도장

철제 위 지정색
분체도장 마감

FRONT VIEW
SCALE :

MDF 위 지정색 락카

철제 위 지정색
분체도장 마감

SIDE VIEW
SCALE :

다양한 형태와 색상의 소파, 탁자, 의자를 구성하여 자유롭게 이동하여, 다양한 형태의 수업활동을 할 수 있는 배열을 만들 수 있도록 하였다. 또한, 공간이동이 쉽고 편리하게 만들어서 서로간의 만남과 소통의 장을 마련함으로써 인성 함양과 친구간의 우정이 한층 더 두터워질 수 있는 공간을 구성하였다.

4. F – 32

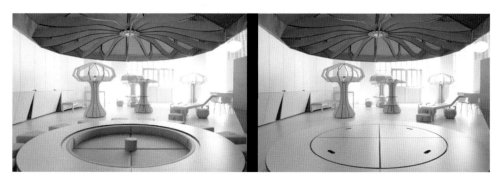

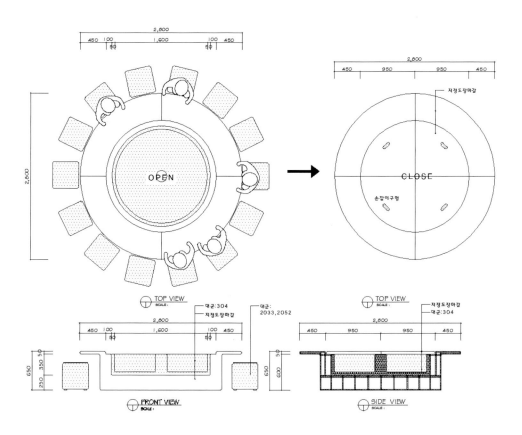

5. F – 33

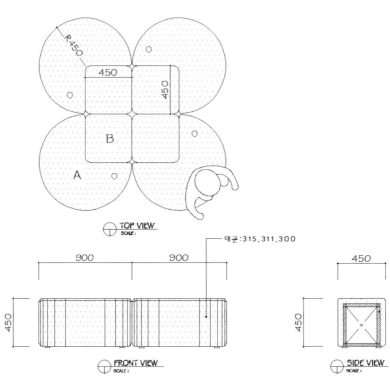

R450

450

450

B

A

TOP VIEW
SCALE :

대군:315,311,300

900   900

450

450

450

FRONT VIEW
SCALE :

SIDE VIEW
SCALE :

07

우리가 꿈꾸는
미래학교

01 첫마을 스마트학교의 미흡한 점

국내에서 처음으로 시도하는 스마트학교 설립을 위해 건축, 공간, 가구 등 다양한 분야에서 미래 교육방향에 맞춰 새로운 공간개념과 가구 디자인 등을 위해 연구와 다양한 여론 수렴, 전문가의 의견 등을 반영하여 창의성을 더하는 방향으로 스마트학교를 디자인하였으나 처음으로 시도하는 만큼 이를 현실화하는 데 진력하였으나, 예산, 제도, 현실 적용성 등의 문제로 다음과 같이 일부 보완이 필요하다는 의견이 도출되었다.

01 학교설계 디자인

학교건물은 한정된 예산과 시간의 제약성 때문에 미래학교의 모습으로 제대로 설계하지 못하고 종전의 학교건물 형태를 벗어나지 못하였다.

1. 자연 친화형 운동장 계획

미래학교가 스마트스쿨로 시작되나, 모든 구조물이 그러하듯 자연친화적 건축물은 인공구조물이 견지해야 할 절대과제라 할 수 있다. 첫마을 학교의 경우 복합커뮤니티라는 지역 통합체를 행복도시에 실험적으로 적용한 사례라 하더라도 학교운동장이 비좁은 것이 흠이다. 별도의 실내체육관이 마련되어 있어 교육과정에 따른 체육활동에는 지장이 없다고 볼 수 있으나, 아이들끼리 자연과 함께 하는 열린 공간에서의 신체활동과 또래간 창의적 놀이문화를 만들어나가는 공간으로는 부족함이 있다고 볼 수 있다.

학교운동장 조성방식에 있어

프리드리히 에버트 초등학교 운동장(독일)

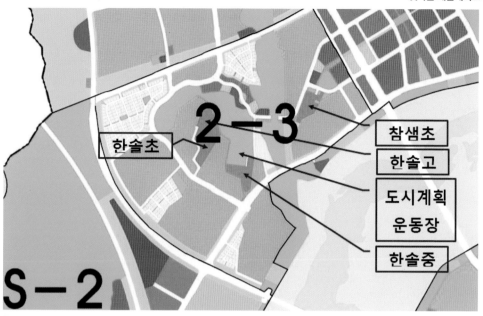

첫마을 개발계획도

출처: 행복청 자료(2011)

서도 학교시설 관련 규칙에 따른 제한규정 등으로 기존 운영중인 학교 운동장과 특별한 계획적 차이가 없는 것으로 보임에 따라 자연과 함께 움직이는 미래학교의 이념을 충실하게 실현하는 데 한계가 있다고 생각된다.

생태적 학교운동장 조성 사례

프리츠 헨켈학교 운동장(독일)

학교부지가 불가피하게 비좁을 경우 학교운동장 전체를 자연친화형 녹지로 조성하여 일과시간 이후 전면 개방하되, 인근의 녹지 또는 체육시설을 일과시간 중 학생 체육활동 전용으로 사용토록 하는 방안도 실험적으로 고려해볼 만하다.

2. 빗물침투시설 등 생태학교 조성

첫마을 학교에는 태양광, 태양열 및 빗물이용시설 등이 설치되어 있어 타학교에 비해 신재생에너지 활용 비율이 높으나, 빗물을 지하로 침투시키는 시설은 구체화되지 않은 것으로 보인다.

그간 일반적 빗물이용방식은 빗물을 한곳으로 모아 우수관로를 통해 강으로 버리는 방식으로 운영되었으나, 향후 물부족에 대비해 빗물을 지하로 자연침투시킴으로써 지하수의 확보와 쾌적한 환경유지, 집중호우 등으로 인한 재해 등 예방을 위해 이 방식을 병행하여 설치해야 할 것으로 보이며, 최근 이에 대한 각종 시설들이 연구·개발되어 시공되고 있음에 따라 향후 이에 대한 다각적 검토와 적용방안이 연구되어야 할 것으로 보인다.

빗물 침투시설 설치 예

빗물을 모아 자연침투시킨 후 남는 빗물만 인공 우수관로를 통해 배출

지붕에 모이는 빗물을 버리지 않고 작은 건천으로 흘려 보내는 방식으로 자연침투 유도

3. 색채

건축물의 색채계획은 내·외부로 나누어진다. 그간 외부색채는 도시미관과 도시계획 차원에서 적용된 부분이 있으나, 내부 색채의 선택은 과학적 기준보다 색채 관계자들의 성향과 선호도 등이 주요 결정요소로 작용된 부분이 있다.

심리학자들에 의해 진행된 실험에 의하면 오늘날 학교시설에 적용되는 색채가 학업능력 향상은 물론 새로운 과목에 대한 학습이해도를 증진시키고, 폭력과 같은 문제도 줄어든 것으로 조사되었었으며 눈 보호뿐만 아니라 세대간 관계를 돈독히 하는 데에도 기여하는 것으로 조사된만큼 내·외부 색채 계획에 대한 과학적 접근이 필요할 것으로 보인다.

각 층 복도에 학년별, 층별 인지도 제고를 위해 도색된 새채이 선택, 다양한 교실의 용도와 목적에 맞는 색채계획 등 학생들의 연령, 정서순환과 학업성취도 제고 등을 고려한 과학적 색채계획으로 배색이 이루어지도록 하는 것이 필요할 것으로 보인다.

국내 학교의 벽체 색채 구성 사례

복도 색채 모습

재료로 질감을 살린 색채

학생들 그림으로 벽체 구성

02 u-스쿨 시스템 디자인

u-스쿨 시스템을 한국에서 처음으로 전 교실에 설치하기 때문에 다양한 IT 기기들 간의 호환성 문제와 연동문제 등 부족한 면이 많이 존재하고 있으나 여기서는 몇 가지만 나열하면 첫째, u-스쿨 시스템과 교육행정정보시스템(NEIS)과의 연동을 위한 표준체계가 없고, 시스템과의 상호 인터페이스 체계에 따라 정보를 연동하여 데이터 중복 방지와 효율적 업무처리가 가능한 교육행정정보시스템(NEIS)과의 시스템 고도화가 아쉽다.

둘째, u-스쿨 시스템의 포털시스템, 홈페이지 시스템의 표준 플랫폼으로 웹 브라우저 표준체계를 준수하고 있으며, 개인용 휴대 정보기기(태블릿PC, 스마트폰 등)와의 정보전달 체계 제약이 있다고 본다. 따라서 정보기술(IT) 발전방향 등을 고려하여 다양한 정보기기와의 신속한 정보전달을 통한 사용자(학생, 학부모, 교직원) 편의성 측면이 부족하다.

개인적 공간과 집단 공간 구성사례

교실내 개인 학습이 가능한 공간을 별도로 마련

소규모 그룹 교육이 가능하도록 가변형 교실공간

03 공간 및 가구 디자인

1. 공간 디자인

최근의 학교 교육방식은 20세기의 대중교육의 방식을 탈피해 21세기 개인의 다양성에 맞춘 교육으로 초점이 옮겨지고 있다. 따라서 학교의 내부 공간도 이를 효율적으로 반영한 공간계획으로 만들어져야 한다. 첫마을 학교에는 이러한 교육방향에 맞춰 가변적인 공간이 많이 계획되었으나 현실의

영국의 킹스데일리학교-건물중앙부에 광장 조성

교육과정 등을 고려해 이를 충분히 반영하지 못한 것이 아쉽게 느껴진다.

또한, 점차 맞벌이 부부가 증가하기 때문에 방과 후 학교운영을 위한 운영교실이 필요하며, 학생들의 소회의실 겸 동아리 활동실과 돌봄교실 등이 없어 아쉽게 느껴진다.

따라서 미래의 교육환경을 고려해 개인학습이 가능한 여러 유형의 공간과 집단학습 또는 교과교실제에 따라 쉬는 시간에 개인 및 집단학습과 휴식이 가능한 공간이 지속적으로 확충되어야 할 것이다.

2. 가구 디자인

학생들의 책상과 의자는 일반수업과 모둠수업에 용이하게 활용할 수 있는 가구가 필요하나 아직 다양한 형태의 가구가 개발 보급되어 있지 않아 새로운 형태의 책상과 의자를 보급하려고 하면 많은 예산이 수반되어 한계가 있다. 그래서 일반교실의 책상은 종전에 일반적으로 사용하는 사각형 책상과 회전형 의자로 하였고, 특별교실에는 평행사변형 책상으로 다양한 형태의 모둠구성이 가능하도록 하였지만 일반교실도 특별교실처럼 다양한 형태의 모둠구성이 되지 못해 아쉬웠다.

다양한 공간 구성 사례(스웨덴 우수학교)

각각의 공간을 창의적으로 구성하여 계획

벽이 없는 중앙광장을 만들어 누구나 섞여 놀수 있도록 구성

학습과 탐구, 놀이가 가능하도록 공간 구성

▶ 교실이 없는 학교, 스웨덴의 미래가치가 디자인된 VITTRA

학교에서 발생하는 쓰레기는 재활용이 가능한 쓰레기에 대한 분리수거와 쓰레기도 자원이라는 인식을 심어주기 위하여 원터치스마트 쓰레기 함이 필요하다.

특히, 행복도시는 재활용이 가능한 쓰레기는 별도 수거하고, 재활용이 가능한 쓰레기 이외에는 교실밖에 설치된 쓰레기 이동설비 즉 자동크리넷을 통하여 투입구(일반 쓰레기와 음식물 쓰레기 투입구로 구분)에 투입하면 쓰레기 집하장으로 보내어 가연성 일반쓰레기는 폐기물 연료화시설에서 고형연료로 만들어져 다시 연료로 사용하고,

◈ 행복도시 자원순환형

출처 : 행복청,자원순환형 폐기물시스템 자료(2013)

음식물 쓰레기는 수질복원센터에 있는 클린에너지센터에서 바이오가스(메탄가스)를 생산하여 재활용 된다.

　아래의 그림에서 보는 바와 같이 자동크리넷이 건물밖에 설치되어 있어 교실내에서 발생하는 쓰레기를 재활용처리하기 위한 스마트 쓰레기함이 필요한데 이에 대한 디자인하지 못하였다.

02 꿈꾸는 미래학교

앞으로 미래학교는 건축물의 설계, 공간구성, 조경, 친환경, 신재생에너지 등 모든 분야에서 종전의 설계에서 벗어나 다음과 같은 것들이 고려된 새로운 미래학교 모습이 필요하다.

종전의 스마트학교를 통하여 검토되어야 할 학교설계부문, u-스쿨 시스템 부문, 공간과 가구부문으로 나누어 살펴보고자 하며, 특히 학교설계부문은 참샘초등학교에서는 층별로 건물 내부만 재설계하였으나, 미래초등학교는 건물 내부뿐만 아니라 외부까지도 기본설계시부터 새로운 모습으로 접근하여야 할 것이다.

여기서는 건축물의 설계를 종전의 설계에서 벗어나 새로운 모습으로 설계한 미래초등학교[23] 모습을 소개하고자 한다.

---

23) 범건축종합건축사사무소(김명홍 대표, http://www.baum.co.kr)와
   아뜰리에 리옹 서울(김현석 실장, http://www.lionseoul.com/)에서 제공한 자료를 재구성함

01 학교설계 디자인

1. 공간구성

A. 스페이스 프로그램

미래초등학교는 아이들의 스케일에 적합한 숲속의 마을 같은 교실 배치를 특징으로 교실 사이 공간에 working space, creative space의 배치로 아이들과 교사들 모두 함께 공유하는 공간을 중심으로 스페이스 프로그램을 계획했다. 각 1, 2/3, 4/5, 6 학년별로 활동 영역이 분화되어 있으나 특별학급, 관리 및 지원 시설 건물 동과 연결되어 교사의 효율적인 관리와 전 학생의 시설 접근에 용이하도록 하였다.

학생과 교사뿐 아니라 지역 주민들이 함께 이용하는 지역 시설로서 적극 활용할 수 있도록, 체육관과 다용도 강당(식당) 등을 이용하기 편리 하면서도 아이들의 공간인 일반교실과는 분리되도록 전면 중앙동에 배치하고 별도의 출입문을 이용해 드나들 수 있도록 설치하였다.

2. 설계특징

A. 배치계획

대지의 형태와 방향을 고려하여 일조와 통풍이 원활하도록 건물을 동서축으로 길게 구성하고 주출입구 부분은 서측 중앙 관리동 필로티로 하여 보행자 시선을 운동장까지 길게 확보하였다. 이 중앙동은 체육관, 식당 및 특별학급들이 배치되어 있어 2차선의 주도로와 교실과의 소음 차단의 역할과 학교 전체를 조망할 수 있게 했다. 그리고 대지의 북측에는 차량의 진입 동선과 주차 공간으로 할당하여 학생들의 동선과 분리되도록 하였다. 일반학급동들 사이에 자유롭게 활동할 수 있는 공간과 녹지의 확보로 차량 출입구와는 거리를 두어 아이들이 외부로부터 안전하고 아늑한 공간에서 놀이할 수 있도록 계획하였다.

공동주택 예정부지
(중밀용지)

대지경계선
공공보행통로 (W=6m)
건축한계선

공동주택 예정부지
(중밀용지)

Green Network

경관녹지

왕복5차선도로 (W=25m)

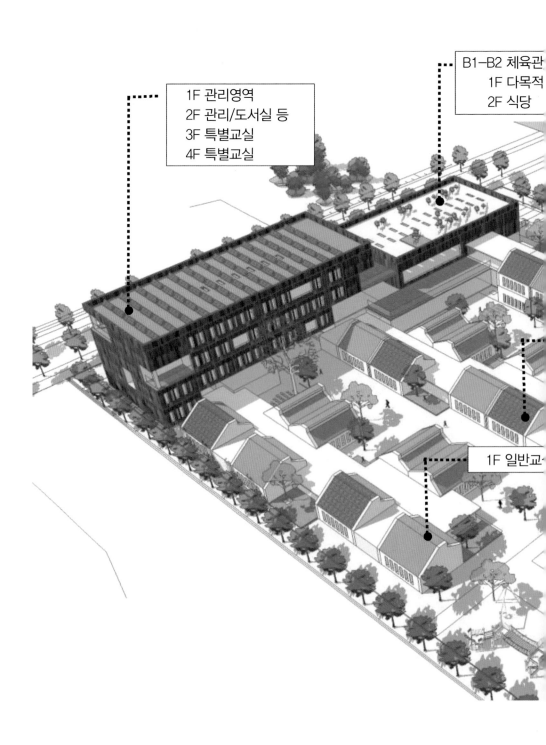

B1-B2 체육관
　1F 다목적
　2F 식당

1F 관리영역
2F 관리/도서실 등
3F 특별교실
4F 특별교실

1F 일반교

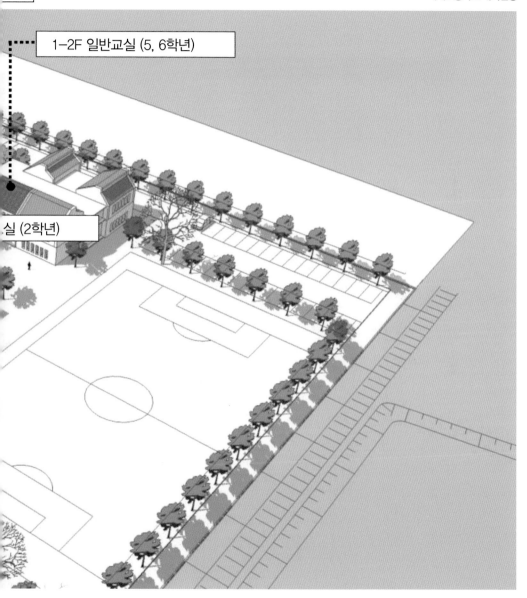

1-2F 일반교실 (5, 6학년)

실 (2학년)

B. 평면계획

▶▶ 1F 및 일반교실

교실들 사이의 working space는 교실과 접한 공용공간으로, 단지 통로 공간 기능을 넘

어 합반수업, 쉬는 시간 커뮤니티 기능과 같이 보다 적극적으로 활용될 수 있도록 다양성, 융통성, 확장성을 지닌다. 또 각 학년별로 이용할 수 있는 creative space는 간단한 서가와 가구들로 놀이와 학습을 함께 할 수 있는 창의 공간으로 계획하였다.

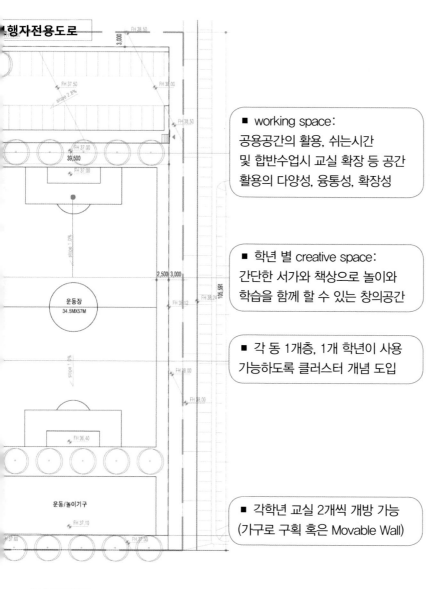

보행자전용도로

■ working space:
공용공간의 활용, 쉬는시간
및 합반수업시 교실 확장 등 공간
활용의 다양성, 융통성, 확장성

■ 학년 별 creative space:
간단한 서가와 책상으로 놀이와
학습을 함께 할 수 있는 창의공간

■ 각 동 1개층, 1개 학년이 사용
가능하도록 클러스터 개념 도입

■ 각학년 교실 2개씩 개방 가능
(가구로 구획 혹은 Movable Wall)

야외공연장

▶▶ **2F**

중앙동과 5, 6학년의 2층은 급식 및 다목적실과 테라스로 유기적으로 연결되어 있으며, 주민들의 행사 및 커뮤니티 장소로서 이용이 가능하도록 계획하였다. 또한 학생들의 독서 및 자료검색 공간을 두어 누구나 도서와 자료에 쉽게 접근할 수 있도록 계획하였다.

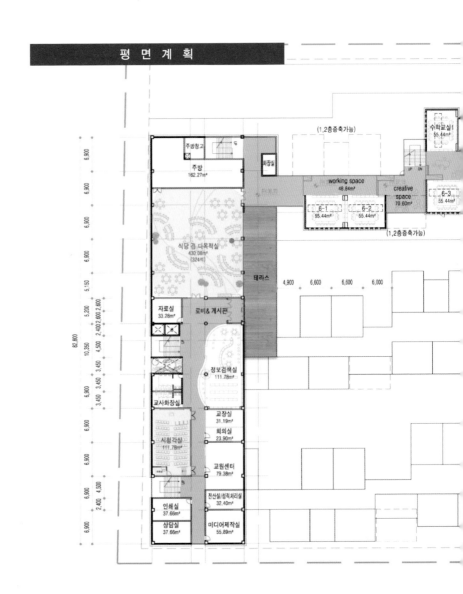

평 면 계 획

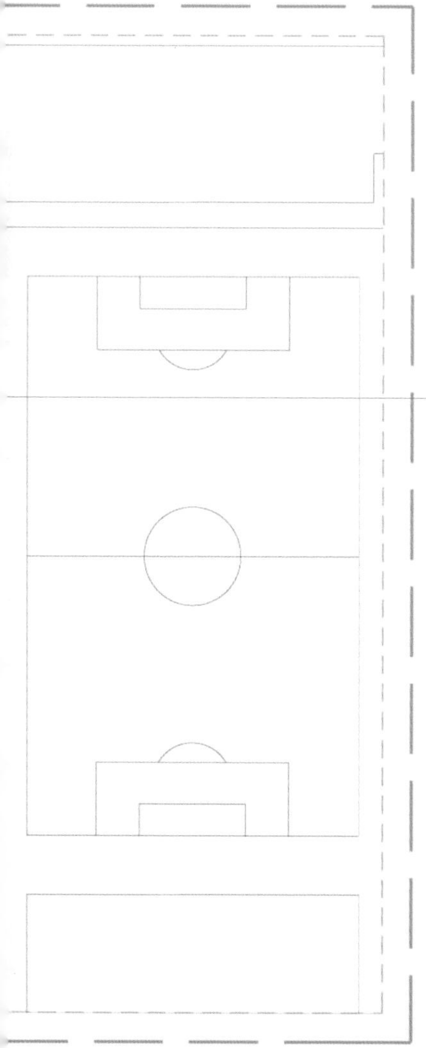

■ 넓은 테라스와 연계된 식당:
Open Plan으로 다양성 확보,
학생은 물론 주민들의 행사 등
커뮤니티 공간으로 활용 기대

▶ **3F**

대지 서쪽을 흐르는 강과 동쪽에 위치한 단층 및 2층으로 구성된 일반학급 건물들과
운동장 및 경관을 조명할 수 있는 야외 휴식 테라스를 계획하였다.

■ 강과 정원이 내려다 보이는
테라스 교사 및 학생의 휴식공간
으로 활용 기대

■ 차음된 음악실, 도로소음 차단

■ 첨단 과학실 및 습식 과학실
미래형 교과과정에 최적화

▶▶ 4F

직사각형의 닫힌 평면이 아니라 곳곳에 테라스와 밖을 조망할 수 있는 유리로 된 void 공간으로 대지 내 학교 곳곳과 대지를 이웃한 풍경들을 전망할 수 있다.

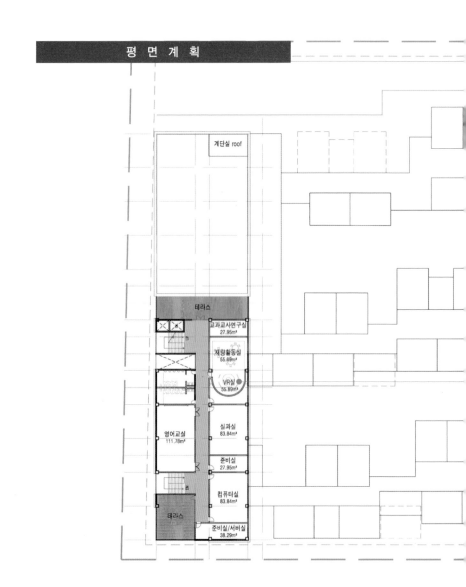

평 면 계 획

■ 첨단 VR실:
다양한 미디어를 활용한 학습가능

▶▶ **지하층**

농구, 배구코트, 탈의실, 샤워실, 창고, 무대, 부속실 등이 포함된 다용도 체육관겸 강당을 지하층으로 배치하고 외부로 바로 출입할 수 있는 별도의 출입계단을 추가 계획하

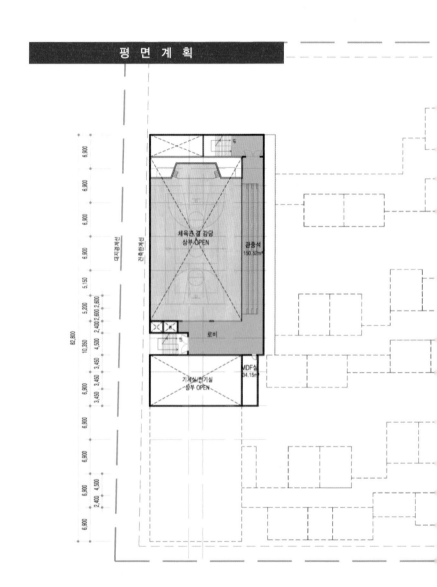

고, 높은 층고를 가지는 체육관의 상부는 지상 1층의 개방감을 가지는 입면으로 자연광을 체육/다목적 강당 실내로 드리우며 지역주민 및 학생들에게 친밀감 높은 체육시설로 인식하게끔 하여 접근성을 높일 수 있게 계획하였다.

C. 구조/단면계획

다양한 높이의 공간으로 계획하여 기존의 학교에서 주게 되는 넓은 크기의 실에 낮은 천장이 주는 폐쇄감을 줄이고 아이들의 창의성을 높일 수 있는 공간으로 계획하였다. 그리고 일반적 채광방식과 다른 고측창을 통한 채광방식을 택함으로써 자연채광과 건물 내의 환기를 자연스럽게 유도할 수 있도록 하였고, 야외 놀이공간과 자연학습장은 일반적인 기준에서 조금 더 나아가서 실 사용자인 아이들에게 맞는 스케일에 맞추어서 계획하였다. 또한 학급들 사이에 길들을 Community Space로 제공하여 타 학급 간

에 서로 개별성만을 가지는 것이 아니라 Community Space로 연결하여 전체 학급을 하나로 엮어주었다.

D. 입면계획

▶▶ 특별교실동

전형적인 학교 이미지를 탈피하여 일반인들도 친근감을 느낄 수 있도록 현대적이고 세련된 마을의 커뮤니티 센터의 이미지를 부여하였고, 세련된 현무암의 재질감과 중간 중간 크게 뚫린 공간으로 단조로울 수 있는 볼륨감을 세련되고 경쾌하게 표현하였다.

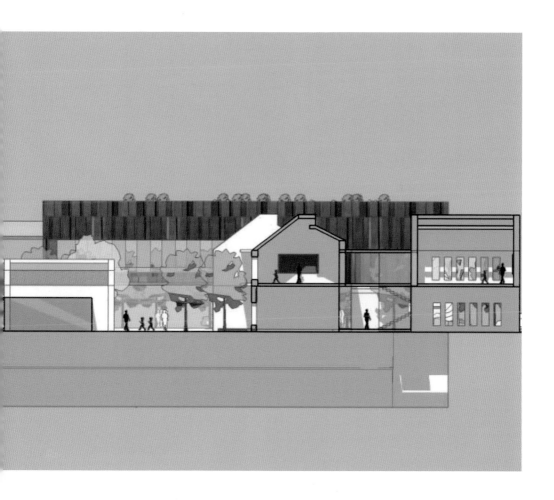

저층부를 뚫어주고 투명하게 하여 도시적 스케일에서 물리적, 시각적 연속성을 확보하여 주었고, 거리를 지나면서 학교의 정원과 운동장은 물론 지하의 체육관의 모습도 볼 수 있도록 계획하였다.

▶▶ 일반교실동

식당과 체육관의 입면의 구성을 곡선으로 구성하여 아이들에게 자유로운 행위와 다채로운 사고를 유발할 수 있도록 계획하였고, 입면들 그 자체로 Activity Community Space를 상징할 수 있게 계획하였다.

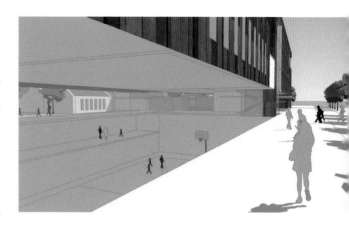

지상과 지붕을 녹화하여 여름에 태양의 직사광선과 복사열을 막아주고 겨울철에는 온기가 낭비되는 것을 막아 냉난방에 도움이 될 수 있도록 하였고, 일부분은 태양열 발전집열판을 설치하여 얻은 전기에너지로 각 학년 화장실에 온수를 공급할 수 있도록 구성하여 친환경 Eco-School을 지향하도록 하였다.

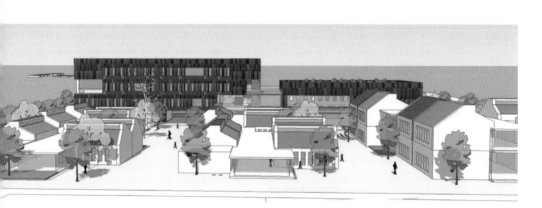

E. 일조 Test

■ 춘, 추분 기준: 오전8시부터 오후 5시까지 전교실 채광 가능

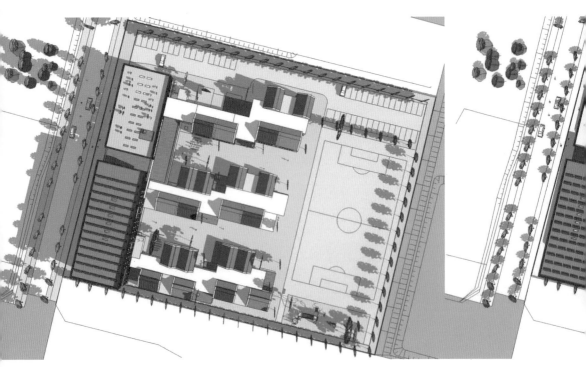

3월 21일 오전 9시

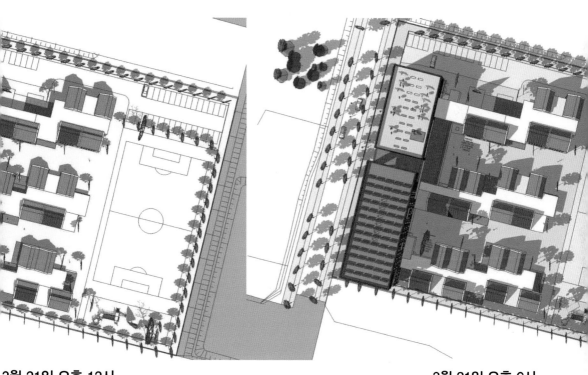

3월 21일 오후 12시

3월 21일 오후 6시

F. 재료계획

▶▶ 현무암

인체에 해로운 건축 자재인 '석면'을 대체해서 화산석의 추출물들인 암면으로 사용하고 있으며, 아토피 알레르기의 원인인 진드기 곰팡이 번식억제효과를 가지고 있다. 또한 현무암은 지하 100 km 이상에서 1200~1400℃의 마그마가 용출된 것으로 각종 미네랄이 풍부하여 습도조절 기능을 가져 결로를 예방하는 효과가 있다.

 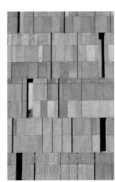 

▶▶ 회벽

석회석 가루가 주원료로, 탈변색이 없는 천연광석의 무기안료와 소량의 분말 수지를 넣은 환경친화적인 제품으로 수명이 반영구적이며 자외선에 황변성이 없다. 또한 다층의 방수막 구조로 물의 침투를 억제하며 석회석만의 독특한 경화구조로 공기 중의 CO_2와 접촉하여 경화가 진행되면서 구조체와 일체화되는 전천후 마감재료이다.

G. 조경계획

▶▶ 방향

Human: 친구들과 함께 할 수 있는 즐거움이 가득한 공간 만들기

Nature: 자연과 조화되고 자연에게 배우는 환경친화적 공간 만들기

Experience: 보고 듣고 만지는 다양한 형태의 즐거운 놀이공간 만들기

Human 함께하는 + 교정 만들기

– 녹음과 함께하는 놀이공간 조성하기
– 환경친화적인 옥상정원에서 야외교육하기
– 우리가 함께 가꾸는 학교 숲 조성하기

Nature 환경친화적인 공간 만들기

– 생태연못 조성을 통한 동식물 학습의 장으로 활용하기
– 다층구조 식재 통한 생태적으로 건강한 녹색공간 만들기
– 옥상정원 조성을 통한 미기후조절 및 쾌적한 학습공간 만들기

Experience 다양한 체험프로그램 만들기

– 학생들의 지속적인 관리와 참여형 공간 만들기
– 조형마운딩, 암석원, 건강산책로 등 다양한 공간 체험하기
– 다양한 수목식재로 계절별 경관을 느낄 수 있는 공간 만들기

▶▶ 기본계획

학교 외곽의 공공보행통로와의 가로식재와 남측 경관녹지의 녹음과 연계한 생태연못 등 생태공간을 조성하고 학년별 특성을 고려하여 각 건물 동별 차별화된 외부공간 및 동선을 조성했다.

▶▶ 기본계획도

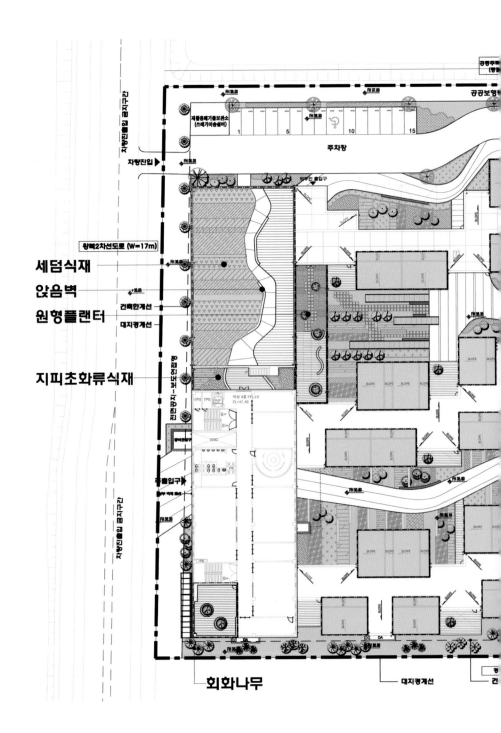

세덤식재
앉음벽
원형플랜터

지피초화류식재

회화나무

건축한계선　　대지경계선

느티나무

화강석디딤석포장

소나무

이팝나무

점토블럭포장

파고라/평의자/목재데크

졸참나무

홍단풍　　생태연못

주차장(자주식-46대)

운동장
34.5MX57M

▶▶ 조경면적

구분	법규적용 산출		법정사항(m²)	적용(m²)	비고
조경 면적	대지면적의 15% 이상 13,825.95 m² x 0.15 = 2,073.89 m²		2,073.89	3,170.67	22.93%
	자연지반	조경의무면적의 10% 이상 2,073.89 m² x 0.1 = 207.39 m²	207.39	2,549.77	
	인공지반			33.56	
	옥상층	면적의 2/3 적용		587.34	

▶▶ 식재

- 계절변화감을 주어 학습에 도움이 되
  는 다양한 수종 선정
- 휴게, 체험 등 공간의 성격에 맞는 다
  양한 식재기법 적용
- 꽃, 열매, 단풍들이 아름답고 수형이 단
  정하여 시각적이고 기능적인 식재계획

▶▶ 시설물

- 조형성이 부여된 편의시설 도입으로
  평상시 경관대상으로 활용
- 공간의 장소성과 용도에 맞는 시설의
  공간
- 생태연못 및 옥상정원 조성 등 생태체
  험이 가능한 자연공간 조성

▶▶ 포장

- 각 공간의 특성에 적합하고 유지관
  리가 용이한 포장재 선정
- 보행의 안전성을 고려한 포장, 패턴
  의 도입과 다채로운 경관 형성

H. 쓰레기 이송설비

▶▶ **개요**

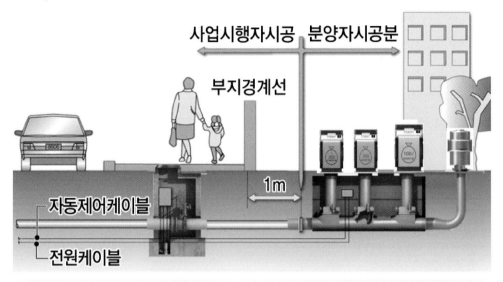

사업시행자는 분양자 부지 내(부지경계선) 1 m까지 이송관로 및 전기, 계장관련 공배관을 설치하며, 분양자는 이로부터 연결관로 및 투입구 등을 설치한다(전기 및 계장 관련 케이블 연결지점은 가장 가까운 시행자 분 맨홀부터 시공한다).

이용자가 폐기물 투입구에 폐기물을 투입하면 폐기물이 집하장으로 이송되어 원심분리기에서 분진이 포함된 공기와 폐기물이 분리되어, 공기는 정화시켜 대기 중에 배출하고 폐기물은 컨테이너에 저장하여 용도별 처리장으로 운송 처분하는 시스템이다.

▶▶ **적용내역**

구 분	쓰레기투입구		비 고
	일반대형	음식물	
미래초등학교	1	1	현장 상황에 따라 추후 변경 가능함

I. 친환경 및 신재생 에너지 계획

▶▶ 적용내역

- 옥상녹화를 통한 친환경 계획
- 친환경 인증제도 도입 시행

-태양광 발전을 이용한 무공해 에너지 생산

-LED램프를 이용한 에너지 사용량 감소
-자외선 및 전자파가 없고 자연계의 색을 구현하는친환경 조명
-각 장소에 적합한 조명기구 선정
 (직관형 및 다운라이트조명)

▶▶ 적용부분

옥상녹화

태양광 발전

J. 스마트 그리드 계획[24]

▶ 개요

Smart Grid는 학교에서 사용하는 전력과 조명, 냉방과 난방, 신재생에너지 등 모든 에너지원을 효율적으로 사용하여 에너지절감을 위한 건물에너지 관리시스템이다. 미래의 학교들은 점차 많은 에너지가 필요할 것으로 예상되어 에너지를 효율적으로 사용할 수 있는 스마트 그리드가 필요하다.

▶ 적용내역

학교의 개별 전력과 조명, 태양광과 지열 등 신재생에너지, 냉방과 난방 등의 개별 BAS(Building Automation System)를 연동하여 단일 망으로 통합하여 실시간 소비현황을 파악하고 불필요한 에너지 사용을 제어가 가능하다.

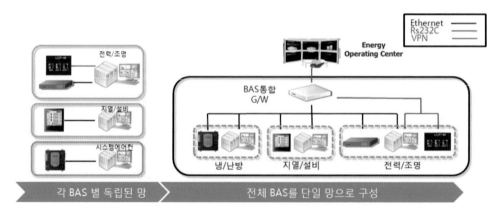

통합 BAS 게이트웨이 구성도

학교(기관)별 BAS를 통하여 전송된 데이터를 분석하여 에너지 사용량을 예측을 통하여 에너지 블랙아웃에 조기 대처할 수 있도록 에너지 통합센터를 설치하고 지역에 설치된 에너지 운영센터와 스마트 그린City의 도시통합센터와 연동하여 정전 및 피크치에 대한 위험에도 대비가 가능하다.

---

24) 행복청과 KT가 MOU를 체결('12.9)하여 K-MEG(Korea Micro Energy Grid) 국책과제로 첫마을 4개의 공공건물을 대상으로 시범사업으로 추진한 자료를 재구성함

에너지 통합 운영플랫폼

행복도시에 건설되는 모든 학교에 에너지 운영서비스 확대를 통한 스마트그린시티를 구축하여 미래의 학교에서도 에너지에 대한 효율의 최적화가 필요하다.

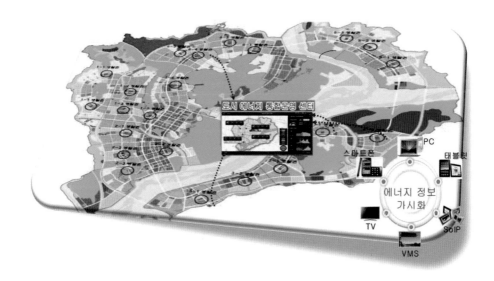

에너지 통합운영센터 확대방안

02 u-스쿨 시스템 디자인

앞에서 지적한 u-스쿨 시스템의 미흡한 부분인 첫째, u-스쿨 시스템과 교육행정정보시스템(NEIS)과의 연동을 위한 표준체계 수립이 우선되어야 하며, 시스템과의 상호 인터페이스 체계에 따라 정보를 연동하여 데이터 중복 방지와 효율적 업무처리가 가능한 교육행정정보시스템(NEIS)과의 시스템 고도화가 필요하다.

둘째, u-스쿨 시스템의 포털시스템, 홈페이지 시스템의 표준 플랫폼으로 웹 브라우저 표준체계를 준수하고 있으며, 개인용 휴대 정보기기(태블릿PC, 스마트폰 등)와의 정보전달 체계 제약이 있다고 본다. 현재 적용되어 운영 중인 PC 웹 표준, 모바일 웹 브라우저 표준에서 최신 정보기술(IT)트렌드를 적용함으로써 교사와 학생 간의 Any Where, Any Device, Any Contents, Any Time Service가 가능한 교육솔루션이 되도록 하여야 한다.

종래의 교육솔루션은 특정한 OS(Windows, Android, iOS 등)에 종속적인 앱(Application)형태였으며, 서비스엔진이 교사용 PC에 설치되어 교실 내에서만 제한적으로 운영되었기 때문에 교실을 벗어난 야외수업 및 체험학습현장, 가정에서는 서비스 접속이 불가능 했다. 교육솔루션의 핵심 기능인 미러링 기술 또한 기술적인 한계를 가지고 있어 무선네트워크 및 스마트디바이스 기반의 교육현장에서 수업진행 시 장애가 빈번하게 발생하고 있는 실정이다.

수업현장에서 무엇보다 중요한 것이 수업자료와 진행정보인데, 다양한 IT기기로 구성된 스마트 교실에서는 어떠한 형태로든 장애가 발생할 가능성이 있음을 인지해야하고, 장애발생 시 대처할 수 있는 적절한 해결방안을 제공해야 한다. 만약 시스템 장애로 인해 수업자료가 유실되고, 수업분위기가 산만해져 수업진행에 방해가 된다면, 교사나 학생에게 스마트 교육에 대한 부정적인 인식을 심어줄 수도 있다.

지금까지 진행되었던 스마트스쿨 구축사업을 통해 우리는 많은 교훈을 얻을 수 있었다. 스마트 학교는 단순히 IT기기를 도입하여 수업도구의 변화를 주는 것을 뛰어넘어 효율적인 교육솔루션을 기반으로 양질의 교육콘텐츠가 활용될 수 있어야 하고, 이러한 디지털화된 학습자료를 스마트디바이스를 통해 개인 맞춤정보로 학생들에게 전달될 수 있어야 한다.

교육솔루션은 교육콘텐츠(디지털교과서 및 학습보조자료)를 활용하기 위해 교실에 설치된 전자칠판, 스마트패드, 무선AP 등의 장치들과 상호 연동되어 수업진행의 효율성을 극대화할 수 있는 중요한 매체이다.

교실에 설치된 스마트 교육용 IT기기들은 수업의 특성에 맞게 다양한 형태로 구성될 수 있고, 다양한 형태의 교과과정이 적용될 수 있다. 이러한 교육현장의 다양성을 극복하기 위해 미래의 교육솔루션은 사용자 환경에 유연하게 대처할 수 있는 크로스플랫폼[25] 형태로 구축되어야 한다.

서비스 기능 측면에서 전통적인 기술의 한계를 극복하고 시·공간의 제약을 넘어서 교사와 학생이 자유롭게 수업자료를 공유하고, 수업참여자 간 커뮤니케이션을 지원하고, 학습자 맞춤형 교육을 제공하기 위해 보다 진보된 수업진행 및 관리기능이 제공되어야 한다.

시스템 구성 측면에서도 종래의 교실 독립형 운영방식에서 벗어나 학교 및 거점센터 기반의 통합형 서비스 구성이 필요하다. 거점내 교사 및 학생은 자유롭게 교실을 이동하며 수업하고, 학교를 벗어난 공간에서도 수업정보에 접근이 가능하며, 적절한 보안시스템을 통해 서비스 안정성을 높일 수 있다.

또한, 몸이 아파 학교에 나오지 못하는 학생을 위해 교실에서 진행되는 수업내용이 가정이나 병원과 같은 외부환경에서도 자유롭게 접속이 가능하며, 수업진행정보(교사음영/영상 및 학습자료)를 실시간으로 전달받을 수 있어야 한다.

미래의 스마트 교육환경의 구축방향을 예측할 수 있는 서비스 트랜드를 살펴보면 다음과 같다.

- 마이크로소프트에서 Windows8 발표 이후 iOS, Android 등 모바일 운영체제 및 기기간의 전쟁이 심화되는 포스트PC(post-PC) 시대 도래[26]
- 단일 디바이스가 주도하기보다는 개개인이 상황에 맞춰 다양한 디바이스를 활용하는 멀티 디바이스 환경이 일반화될 것으로 예상[27]

---

25) 사용자의 다양 접속환경(Windows, Android, iOS 등)에서 공통적으로 사용될 수 있는 서비스 체계
26) 가트너, "2013년 10대 전략기술"(2012년 10월)에서 인용
27) 한국 IDC, "Top 10 Predictions 2013"(2012년 12월)에서 인용

- BYOD(Bring Your Own Device)는 학생들이 가정에서 사용하던 스마트바이스를 학교에 가지고와 자유롭게 수업에 참여할 수 있게 함으로써 학습능률을 높일 수 있으며, 학교입장에서는 최소한의 스마트단말기 보유함으로써 구매비용 및 자산 관리의 효율성 기대

앞에서 제시한 기술적 한계점을 극복하기 위한 관련업계의 노력이 다양하게 시도되고 있는데 상용화에 성공한 사례를 살펴보면 다음과 같다.

1. 범용 웹브라우저 기반의 실시간 이벤트 동기화 기술[28]

- 전용 앱(Application) 설치 없이도 모든 스마트 디바이스에 기본 탑재된 웹브라우저(HTML5 지원)를 통해 양방향 데이터 미러링 및 수업진행 가능
- 수업진행 내용이 자동저장 및 캐싱처리 되어 학생 단말기 및 네트워크 장애발생 시에도 장애복구와 동시에 수업자료 및 이벤트를 자동 복원 가능

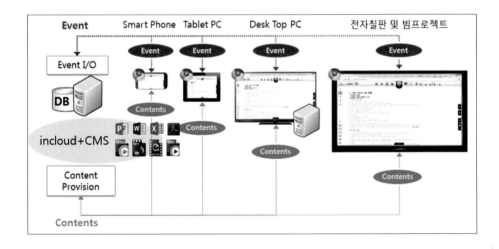

2. 전통적인 화면 미러링 기술의 한계를 극복한 양방향 데이터 미러링 기술 적용[29]

- 모바일 환경에 최적화된 데이터 통신 방식으로 가변적인 네트워크 트래픽 구조

---

28) 인클라우드(권장환 대표, www.incloud.kr), "2013 Smart Class Proposal"에서 인용
29) 인클라우드, 상계서

- OSMU(One Source Multi Use)기반의 수업자료 공유방식으로 데이터의 중복저장을 배제하고 학습자 각자의 학습 이벤트를 독립적으로 관리

3. 학습관리시스템(LMS)과 연계한 체계적인 수업편성 및 설계, 학습이력관리 기능 제공

- 교육행정정보망(NEIS)과의 연동을 고려한 학습관리시스템(LMS)을 구축하고, 거점별 통합운영이 가능한 클라우드 서비스 형태로 구축
- 현존하는 스마트교육솔루션 중에서 앞에서 제시한 여러 가지 한계점을 극복하고, 미래교육의 트렌드에 가장 근접한 클라우드 기반의 스마트 학습관리 플랫폼[30]을 소개하고자 한다.

A. 다양한 학습환경을 고려해 유연한 시스템 구성이 가능한 제품군

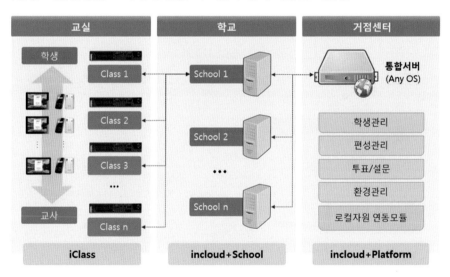

---

30) 인클라우드에서 개발한 스마트 학습관리 플랫폼 incloud+School(Ver1.3)(권장환 대표, www.incloud.kr)

B. 교실형 독립운영시스템(ICLASS) 구성방안

C. 학교 및 거점센터형 통합운영시스템(INCLOUD+PLATFORM) 구성방안

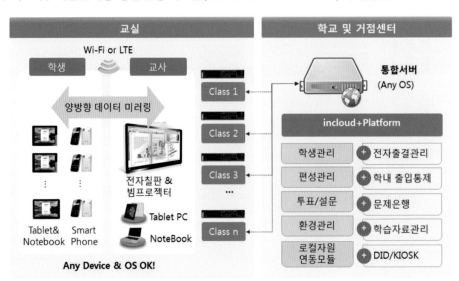

D. 수업지원시스템의 시스템 구성 비교표

구분	교실독립형 수업지원 솔루션 (기존 솔루션)	거점센터형 통합운영 플랫폼 (incloud+School)
관리적 측면	• 교실 개별 설치 및 운영에 따른 관리비용이 지속적으로 증가 • 교사용 PC에 설치된 수업지원S/W의 잦은 장애 발생으로 원활한 수업진행이 어려움 • 학습관리시스템의 부재로 수업과정 및 학생에 대한 체계적인 운영관리가 불가능함	• 거점센터에 통합 설치 및 운영을 통해 업무 효율성은 증대되고 관리비용은 감소 • 통합서버 기반 배포관리로 전체 학교의 정책 반영 용이 • 학교의 기 도입된 인프라도 그대로 활용하여 스마트 수업진행 및 통합관리 가능
사용적 측면	• 지정된 단말기와 전용 어플리케이션을 통해서만 수업진행 가능 • 전자칠판 중심의 기능으로 스마트 디바이스의 활용도가 떨어짐 • 전자칠판(Windows) 장애 시 스마트 디바이스(Android, iOS)만으로 수업진행이 제한적임 • 교실 이동 수업 시 사용자 계정 및 수업자료 공유 불가능 • 수업 진행 중 발생할 수 있는 장애상황에 대한 백업방안 부재	• 학교별 특성에 맞는 다양한 OS(Windows, iOS, Android 등)기반의 디바이스를 도입하고, 이 기종간 통합 수업 진행 가능 • 시간과 장소에 구애 받지 않는 자유로운 이동 수업이 가능 • 전자칠판에 종속적이지 않고 스마트 디바이스만으로도 원활한 수업진행 및 관리가 가능 • 수업진행 중 어떠한 장애가 발생하더라도 수업내용을 자동 백업 및 복구 가능

E. 서비스 특징 및 장점

▶▶ **Any Device OK**

크로스 플랫폼 기반으로 운영되어 이기종 디바이스가 동시에 수업진행이 가능하며, 수업 특성에 따라 다양한 OS(Windows, iOS, Android 등) 기반의 스마트디바이스를 도입하여 운영 가능

▶ **Any Where OK**

웹 기반 기술로 구현되어 인터넷이 연결된 곳이라면 시간과 장소에 구애 받지 않고 학생이 가지고 있는 어떠한 스마트디바이스로도 수업참여 가능

▶ **Any Contents OK**

스마트 환경에 적합한 디지털 교과서 및 다양한 콘텐츠(동영상, 이미지, 문서 등)와 완벽하게 호환되고 활용 가능

F. 미러링 시스템의 기술적 비교

구분	양방향 데이터 미러링	단방향 화면 미러링(기존 방식)
데이터 형태	이벤트 정보(메시지 단위) 모바일 환경에 최적화된 데이터 구조 가변 트래픽 구조	화면 이미지 또는 영상 데이터 스트리밍 유선 및 데스크탑PC기반에 적합한 구조 고정 트래픽 구조
전송방식	Message Bus 유/무선 네트워크를 통한 양방향 데이터 미러링	영상 데이터 스트리밍 유/무선 기반 송수신 장치를 통한 단방향 화면 미러링
접속방식	범용 웹 브라우저를 통한 접속 전용 Application을 통한 접속	전용 Application을 통한 접속 유/무선 송수신 장치를 통한 물리적 연결
특장점	Any Device & Cross Platform 벡터기반 드로잉을 기반으로 사용자별 판서저장 및 공유, 편집 등 가능 HTML5 & CSS3 기술 적용	사용자 화면 자체를 동일하게 공유가능 스트리밍 전송으로 고정 트래픽 발생 Wi-Fi 및 이동동신(3G 및 LTE)환경에 부적합
적용분야	양방향 수업이 필요한 교육 서비스 양방향 정보공유가 필요한 회의 서비스 협업이 필요한 스마트 워크 서비스	원격제어 및 영상송출 서비스 중계서버가 필요 없는 P2P 방식의 정보 공유 서비스

G. 스마트 수업진행 S/W 주요기능

H. 클라우드형 스마트 교육서비스 플랫폼

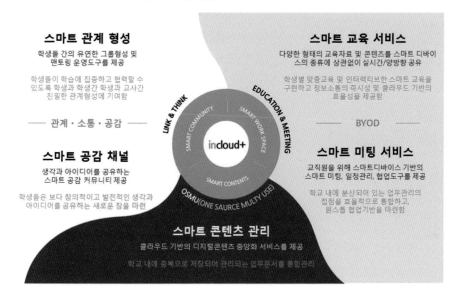

셋째, 학교의 모든 시설을 스마트교실로 구축하였으면, 스마트교육환경에 걸맞게 모든 시설은 RFID를 활용한 스마트키로 출입할 수 있도록 설계되어야 한다.

넷째, 다양한 멀티미디어 기기들의 배선을 위하여 충분한 양의 배관 매립이 필요하며, 전기콘센트 및 DATA 선, CATV 등과 관련한 개별수구보다는 통합수구가 필요하다.

마지막으로 기본의 학교에 설치된 일반적인 u-스쿨 시스템의 규격화된 하드웨어보다는 스마트스쿨의 이미지에 맞도록 미래지향적으로 새롭게 설계된 u-스쿨 시스템구축이 필요하다.

03 공간 및 가구 디자인

미래학교의 공간 활용계획과 가구 레이아웃을 보면 다양성과 편리성을 고려하고 있다. 먼저 공간활용을 보면 모둠형, 강의형, 프로젝트형, 놀이형으로 구분하고, 변형활동사례로 모둠학습형, 2인 조합형, 그룹토의형, 자율학습형으로 다음과 같이 구분하여 제시하고 있다.[31]

---

31) 계보경, 이은환, 오명선(2012), 미래학교 디자인 가이드북(Future School Design Book), 한국학술정보원

1. 현실 적용안

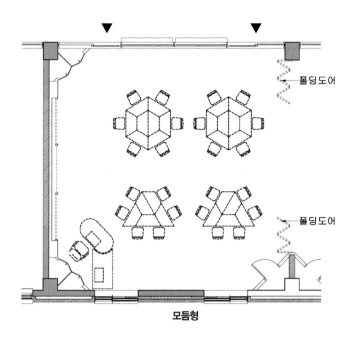

폴딩도어

폴딩도어

모듬형

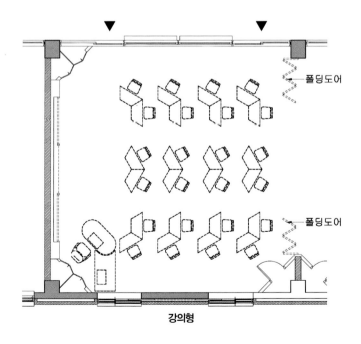

폴딩도어

폴딩도어

강의형

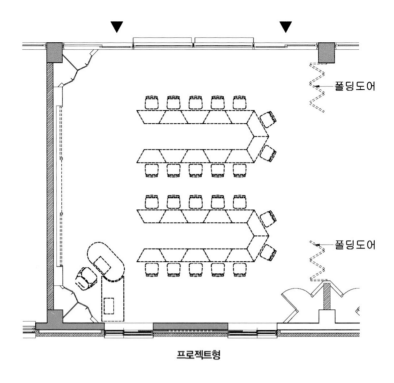

폴딩도어

폴딩도어

프로젝트형

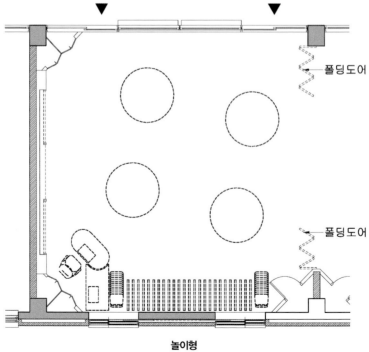

폴딩도어

폴딩도어

놀이형

2. 변형활동 사례

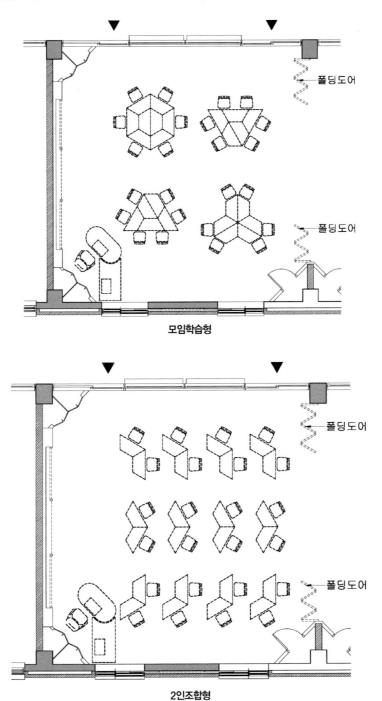

폴딩도어

폴딩도어

모임학습형

폴딩도어

폴딩도어

2인조합형

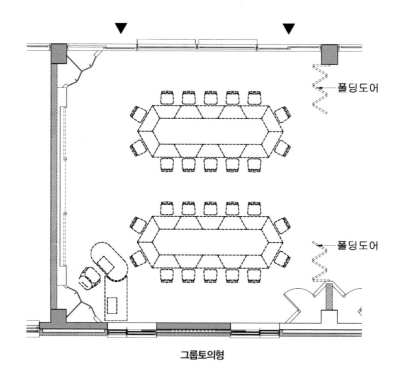

그룹토의형

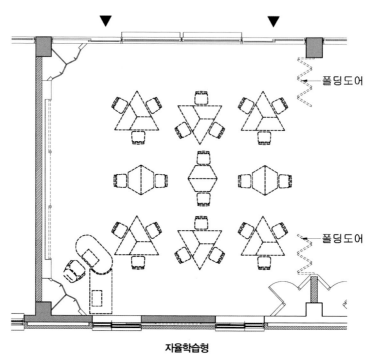

자율학습형

이러한 학습모형을 바탕으로 기존교실을 변형한 공간계획을 보면 아래 그림과 같이 고민해 볼 수 있다.

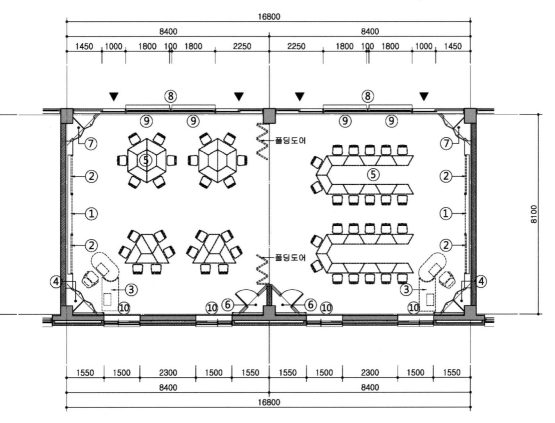

기존교실을 변형한 공간계획

① 전자칠판 : 기본적인 판서 기능 및 멀티미디어 기능, 네트워크되면서 정보의 매직보드 역할 및 디스플레이 상에서 실시간 고유 아카이브기능

② 화이트보드: 교수자의 기본 판서 및 설명용으로 사용

③ 교사책상 이동형 교탁: 교사수업준비와 교실제어, 수업지원용 솔루션 탑재(단말기 포함) 이동이 가능하며 높이제어가 가능한 슬림한 교탁(초등학교의 경우)

④ 교사 사물함: 교사의 개인 사물보관함

⑤ 학생책상: 이동성을 위한 바퀴와 위치고정을 위한 장치가 장착된 책상. 시간 공유 및 전송 가능 체험 및 놀이수업 시에는 접어서 창가쪽에 보관

⑥ 워크스테이션 : 교실내 필요 다용도 수납공간 혹은 복합기(프린터, 스캐너, 복사기) 등 기자재가 구비되어 있는 학생교사 공용의 워크스테이션

⑦ 교구 수납장/미디어월: 교구 물품 수납장으로 활용/벽면터치형태의 전시홍보기능

⑧ 전자 사물함: 원키솔루션및 안전 인증장치의 사물함. PDLC glass 사용높이하부에 채택, 외부는 미디어 사인기능 부가용

⑨ PDLC glass: (고분자 분산형 액정조합 필름) PDLC glass를 이용하며 분반수업 시 이용하며 평상시는 외부와 소통이 원할하며 커뮤니티기능의 창으로 활용.

⑩ 스마트월: 판서 기능 및 멀티터치 기능, 교사/학생 단말기와 스마트 월, 전자칠판 등에 자료 및 화면.

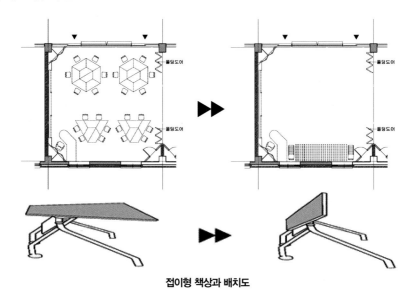

접이형 책상과 배치도

가구는 기본적으로 접이용 책상과 포켓형의 의자방안으로 일반수업과 모임수업 체험놀이 수업 시에 다양한 형태의 수업을 위한 배열 및 공간이동이 편리하며 수납공간의 효율이 높도록 콤팩트하게 보관관리가 용이한 가구가 필요하다.

① 책상 : 수납공간(상판에 홈 + 바구니)과 걸이 기능 추가, 높낮이 조절 쉬운 방식, 상판에 필기나 스크린 투사가 가능한 재질로 설계
② 의자: 유압식 높낮이 조절, 쿠션감 있고 팔걸이 없고, 바퀴 없는 등받이 있는 타입, 색깔 다양
③ 책상과 의자 모두 아이들이 움직일 수 있도록 가벼워야 함

교사들의 책상은 교사의 학습 능률 향상 및 편의성을 고려하여 고정식의 책상과 이동과 제어기능, 강의용 테이블로 높낮이가 조정되는 이동식이 필요하다.

④ 이동식 부분 책상은 교탁으로의 활용이 가능하도록 높낮이 조절 기능을 포함함

다양한 형태의 수업이 가능하도록 공간구성을 할 경우 학습유형별 가구의 점용면적을 보면 다음과 같이 비교할 수 있다.

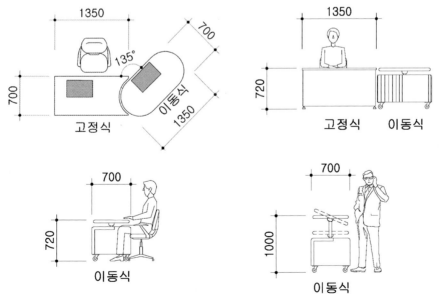

교사의 고정식 책상과 이동식 책상

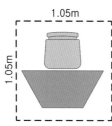

*그룹1조
점용면적:1.1 m²

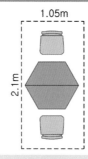

*2인 1조
점용면적: 2.21 m²

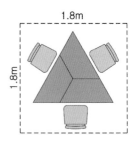

*3인 1조
점용면적: 3.24 m²

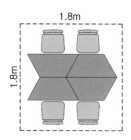

*4인 1조
점용면적: 3.24 m²

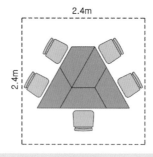

*5인 1조
점용면적: 5.76 m²

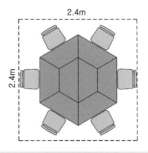

*6인 1조
점용면적: 5.76 m²

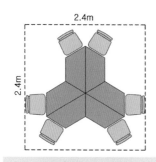

*6인 1조
점용면적: 5.76 m²

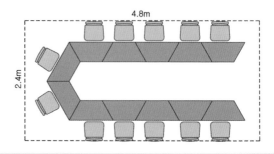

12인 1조
점용면적: 11.52 m²

3. 원터치스마트정리함(Smart utility box)

미래의 학교는 재활용 분리수거를 통하여 쓰레기의 자원화가 필요함에 따라 어느 곳이나 가변적으로 손쉽게 설치가 가능한 수납공간이 필요하다. 다양한 공간에서 환경에 따라 공간을 최소화 할 수 있는 원터치스마트정리함[32]을 소개하고자 한다.

A. 목적

재활용 분리 수거에 대한 인식발전과 다양한 공간에서 환경에 따라 원하는 만큼 쉽게 쌓아놓고 사용할 수 있는 상시 용도변경 가능한 수납공간으로 제안하는 제품.

본 스마트 정리함은 가변적인 빠른 설치가 가능함과 동시 이동 혹은 사용을 안 할 시에는 커버는 커버끼리 바스켓은 바스켓끼리 겹쳐 정리가 가능하여 보관 공간까지 최소화 할 수 있어 유용하다.

---

32) (주) 정광 피 에스 아이(나형순 대표, http://www.promade21.co.kr)에서 제공한 자료를 재구성함

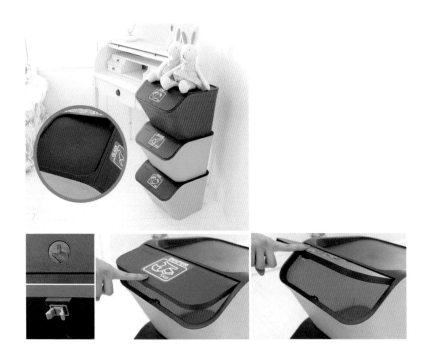

B. 구성장비 내역(기능 및 제원)

구분	기능	제원
본체	– 방식: 좁은 공간에서의 사용성을 최대화하기 위해 위로 쌓는 방식을 채택 – 크기: 3단 구성	– 규격 370mm × 405mm × 920mm – 용량: 약35L – 소재: 복합P.P
커버	원터치 오픈 방식	380mm × 405mm × 20mm – 소재: 복합P.P

C. 장점 및 단점

장점	단점
– 다단 적재방식으로 공간 활용에 탁월함 – 원터치 오픈 방식으로 사용이 편리함 – 넓은 투입구로 부피가 큰 재활용 분리수거에 적합 – 대용량사이즈로 분리수거 및 다용도 수납함으로 활용 – 가변적인 빠른 설치가 가능하며 미사용시 부피 최소화	– 하단 재활용품 배출시 상단 부분 이동 필요 – 원터치버튼 영구적이지 않음

D. 용도 및 사용 방법

용도	사용방법
– 학교, 사무실, 공공기관 재활용품 수거 – 이면지, 폐지류, 재활용품 수거 – 교재 및 학습준비물 보관, 대형행사용품정리 ※ 구성요소 　본체, 커버, 전용스티커10종	– 분류별 전용스티커 사용 – 플라스틱, 캔, 유리, 폐지, 비닐 등 해당 재활용품 분리 　수거 사용

E. 기대 효과

- 재활용품을 종류별로 나누어 분리할 수 있으며 깔끔함과 실용성/편리함을 강조.
- 아이들의 체험적인 참여를 함으로써 분리수거 및 정리정돈의 습관을 길러줄 수 있음

F. 발전 방향

운영 관점	• 물품 정리시의 사용환경을 시뮬레이션 하고 분석하여 사용자 등의 행동양식을 토대로 필요한 기능들과 형태를 구현 쉬운 방식 채택 아이들 참여 효과 강화
기술 관점	• 설치 조건 완화 : 다양한 공간에서 환경에 따라 원하는 만큼 쉽게 설치 • 내부 공간의 최대화를 위해 전면도어 설치 사용성 향상

APPENDIX Smart school design book

부록

01 첫마을 스마트학교를 만든 사람들

첫마을의 스마트학교는 다양한 전문가 의견과 현장의 목소리를 귀담아 들으며 일궈
낸 작품임에는 틀림이 없다. 모두들 처음하기를 꺼려하고 힘들어 하는 것도, 처음이라
는 것에서 오는 부담감이 아닌가 싶다. 처음으로 시도한 스마트학교가 우리나라를 넘
어 세계를 선도하는 교육이 될 것으로 기대한다.

스마트학교를 만들기 위해 많은 사람들의 열정과 노력과 땀방울이 밑알이 되었기에
가능하였다. 그 노력을 아끼지 않은 사람들을 소개하고자 한다.

01 행정중심복합도시건설청(MACC)

행복청(www.macc.go.kr)은 2005. 3. 18 법률 제7391호로 제정공포된 신행정수도 후속
대책을 위한 연기 · 공주지역 행정중심복합도시 건설을 위한 특별법에 의하여 행정중
심복합도시를 만들기 위해 설립된 정부기관이다. 첫마을 스마트학교를 총괄하는 기관
으로 도시계획부터 학교 준공에 이르기까지 모든 것을 추진한 기관이다.

스마트학교의 중추적인 역할을 한 공공건축추진단 교육시설
기획과는 다양한 사람들이 모인 집단이다. 행정, 건축, 토목, 전
기통신, 정보, 토목 등 전공분야와 전직의 근무처도 교육과학기
술부, 국방부, 국토부, 충남 교육청, 대전시청, 청주시청 등 다양
하다. 어떻게 보면 다양한 집단이기에 다양한 생각에서 중지를
모을 수 있었던 것 같다.

u-시스템 구축 및 설치팀장(김현기)은 u-시스템 구축을 총괄

스마트학교의 지휘
자 교육시설기획과장
을 비롯하여 u-시스
템 구축 및 설치팀,
가구디자인 계획수립
및 배치팀, 스마트
학교 건축 및 시공팀
으로 나누어 추진되
었다.

하고, 팀원인 최정일은 스마트학교 소요예산 확보를, 최인희는 u-시스템 설계 및 구축을, 정주호는 u-시스템 구축 및 정보화 기자재 설치를 담당하였다.

가구디자인 계획수립 및 배치팀장(최동열)은 학생 수용계획 및 가구디자인을 총괄하고, 팀원인 구중필은 가구디자인 계획 수립 및 물품 발주를, 정찬욱은 가구 디자인과 배치 및 기계 및 소방분야를 담당하였다.

스마트학교 건축 및 시공팀의 김동환은 건축물 디자인에 관한 사항을, 박종화는 학교공사 및 시공을, 김진회는 정보통신망, CCTV 등 통신시설 분야를 담당하였다.

02 한국교육학술정보원(KERIS)

KERIS(www.keris.or.kr)는 1991. 1. 21 법률 제5686호로 교육 및 학술연구에 필요한 정보를 제작 · 조사 · 수집하고 교육정보제공체제를 구축 · 운영함으로써 교육 및 학술연구의 질적 수준을 높여 국가교육의 발전에 이바지함을 목적으로 설립한 정부출연기관이다.

KERIS는 2011. 11. 29 첫마을 스마트학교를 위하여 행복청과 MOU를 체결하였고, 2011. 7. 12 행복청과 '미리 가본 미래학교' 정책설명회를 개최하여 국가정보화전략위원회와 교육과학기술부가 제시한 스마트교육 추진전략의 모습을 가시화하고, 행복도시에 처음으로 설립하게 될 미래학교에 대한 다양한 논의와 소통, 공유의 장을 마련하였으며, 그동안 스마트학교에 대한 협의 및 자문을 통하여 스마트학교가 탄생하게 되었다.

특히, KERIS 전 원장 천세영(현 충남대 교수)은 세종시 교육 발전방안 추진 자문위원회 위원장으로 미래교육의 방향 제시 및 미래학교의 설립에 큰 관심을 갖고 우리나라 최초로 행복도시에 스마트학교를 설립하는 데 선도적 역할과 정책적 지원을 아끼지 않았다.

정책연구부장인 김영애(교육학 박사)는 첫마을 미래학교에 대한 개념 및 설계, 기본 구상에 대한 전문적 자문 활동과 중앙정부 차원의 정책적 지원 등 미래학교 설립에 중추적 역할을 하였다.

선임연구원인 계보경(교육공학 박사)은 Future School 2030 연구책임자로 첫마을 미래학교의 설계 방향을 제시하고 구축 모델을 기획하였으며 새로운 미래학교 모델을 개념 정립에서부터 구축단계에 이르기까지 실제적인 학교 설립에 투영하고 실현하는 데 기여하였다.

선임연구원 이은환(교육공학 박사)은 미래학교 설립을 위한 실무추진 협력체제 조성 및 구축·지원하였고, 미래학교 설계 및 구축과정에 전문적인 아이디어 제공은 물론 미래학교 인프라 및 시설을 구상하는 데 많은 역할을 하였다.

03 LG CNS

LG CNS(www.lgcns.com)는 1987년 1월 14일에 설립된 Smart Techno-logies & Services를 통해 고객에게 기대, 그 이상의 가치를 드리는 Global 전문 기업으로서, 컨설팅, 전통 IT서비스사업(시스템통합, 유지보수), IT융합 비즈니스(LED영상, u시티, u헬스케어), ITO(IT Outsourcing), BPO(Business Process Outsourcing) 등을 중심으로 국내외에서 다양한 사업을 수행하고 있다.

특히, 첫마을 학교의 스마트학교(u-시스템) 구축을 위한 우선협상대상자로 선정되어 6개 학교의 스마트학교 구축사업을 수행하였다.

첫마을 학교 스마트학교 프로젝트에 참여한 조직은 다음과 같다.

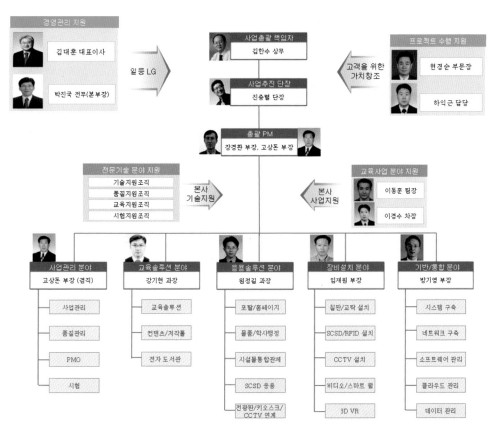

LG CNS 스마트학교 프로젝트 수행 조직도

회 사 명	LG CNS	대 표 자	김대훈
설립년월	1987년 1월 14일	매 출 액	3조 1,912억 원(2011년, IFRS 연결 기준)
인 원	약 10,000여 명(2012년 3월, 해외법인/자회사 포함)		
본사위치	서울특별시 중구 회현동 2가 10-1 프라임타워		
사업분야	컨설팅, 시스템 통합, 아웃소싱, ERP/BI, IT인프라솔루션, IT컨버전스		
해외법인	중국, 일본, 미주, 인도, 인도네시아, 유럽, 브라질, 콜롬비아		
자 회 사	LG 엔시스(전문 IT인프라솔루션 & 서비스) 브이이엔에스(자동차 제품개발, 엔지니어링 서비스) 유세스파트너스(Total BPO 서비스: 컨택센터, 전자거래, 전자문서, HR서비스) 비즈테크앤엑티모(중소기업 ERP 및 BI 전문컨설팅과 솔루션) SBI-LG시스템즈(일본 금융 IT서비스) 코리아일레콤(전장 시뮬레이션 솔루션)		

04 (주)아이티센시스템즈

(주)아이티센시스템즈(www.itcensys.co.kr)는 2005년 5월 12일에 설립된 전 산업분야에 걸쳐 IT인프라 기반의 컨설팅과 구축, 서비스를 제공하고, 선도 기술 습득 및 기술 혁신화로 업계를 선도하는 IT인프라 SI전문기업이다. 고객의 니즈를 충분히 분석한 데이터를 바탕으로 최적의 시스템을 설계하며 책임 있는 기술력을 바탕으로 스마트그리드, 빅데이터, 클라우드 컴퓨팅 등 신규/전략사업 및 솔루션 발굴 및 성장에도 집중하고 있다.

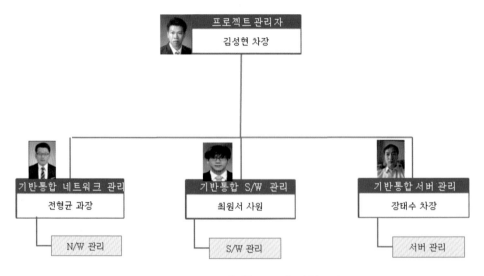

ITCEN Systems 스마트학교 프로젝트 수행 조직도

회 사 명	(주)아이티센시스템즈	대 표 자	강진모
설립년월	2005년 5월 12일	매 출 액	974억(2011년), 1041억(2010년)
인 원	176여 명(2012년 6월 기준)		
본사위치	서울특별시 서초구 반포대로 13 아이티센빌딩		
사업분야	컨설팅, 시스템 통합, 아웃소싱, ERP/BI, IT인프라솔루션, IT컨버전스		
해외법인	없음		
자 회 사	비티씨정보통신(IT솔루션 & LED 스마트그리드) 동하테크(IT인프라솔루션 & 서비스)		

특히, 첫마을 학교의 스마트학교(u-시스템) 구축을 위한 우선협상대상자로 선정된 LG CNS와 컨소시엄을 구성하여 첫마을 6개 학교의 스마트학교 구축사업을 수행하였다.

첫마을 학교 스마트학교 프로젝트에 참여한 조직은 앞과 같다.

05 i-KAIST

i-KAIST(www.i-kaist.com)는 2011년 4월 22일에 설립된 한국 과학기술의 메카인 카이스트가 산학 협력 활동의 일환으로 설립한 최초의 정부출연 자회사로서 미래 기술을 지향하며 발전된 기술을 전파하고 나눔으로써 사회 공헌의 가치를 창출해 나가는 R & D 기업이다.

특히, 최첨단 교육솔루션으로 선생님과 학생이 전자칠판과 스마트패드를 통하여 모든 교육내용을 실시간으로 주고받을 수 있는 솔루션을 첫마을 6개 학교에 공급함으로써 선생님과 학생이 양방향학습을 통하여 교육효과를 극대화할 수 있도록 하였다.

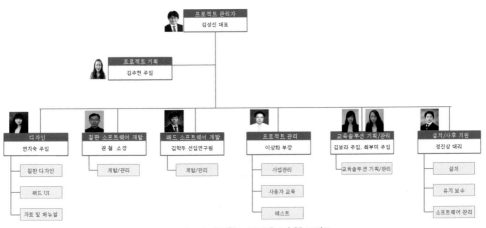

i-KAIST 스마트학교 프로젝트 수행 조직도

회 사 명	i-KAIST	대 표 자	김성진
설립년월	2011년 4월 22일	매 출 액	15억 원
인 원	약 40여 명(학내 연구원 기준)		
본사위치	대전광역시 유성구 문지동 KAIST ICC 연구동 3층		
사업분야	교육솔루션, 스크린터치솔루션, 미래기술개발		

06 (주)하나유에스아이

하나유에스아이(www.hanausi.com)는 1987년 1월 14일에 설립된 품질우선 경영, 사회와 국가에 공헌하는 기술과 복지실현이라는 가치 창출을 원칙으로, 고객만족을 최우선으로 실현하는 기업이념 아래, 최적의 Solution & Technology Service를 제공하는 기업이다.

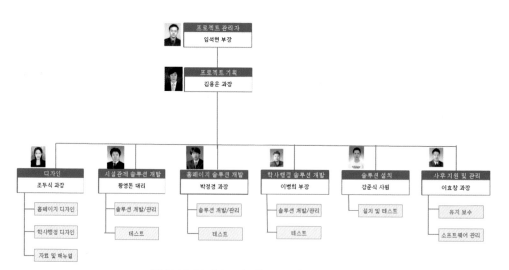

(주)하나유에스아이 스마트학교 프로젝트 수행 조직도

회 사 명	(주)하나유에스아이	대 표 자	방 철
설립년월	1987년 1월 14일		
전화번호	02-2624-1470		
본사위치	서울특별시 금천구 가산동 에이스하이엔드타워 3차 501호		
사업분야	통신장비, 컴퓨터 주변기기, 소프트웨어 개발 및 공급		

특히, 최첨단 포탈솔루션을 첫마을 6개학교에 공급함으로써 학교의 교육환경을 실시간 현황을 파악하고 점검할 수 있어 교육뿐만 아니라 시설관제까지 그 효과를 극대화하도록 하였다.

07 (주) KT의 스마트 그리드 시범사업

KT(www.kt.com)는 1989년에 사단법인으로 출범한 KT는 통신 및 IT 회사로서 국내에서 선두기업이다. KT는 창립당시 400만에 불과한 전화회선을 12년 만에 기존대비 4배 이상으로 늘렸으며 2002년 당시 KTF 와 합병하면서 통신사업에서 무선사업으로 확장을 통하여 2년만에 600만 고객을 돌파하여 통신 및 IT의 혁신 기업으로서 최고에 위치에 있다.

특히, KT는 세계 에너지와 환경문제를 대처하기 위해 ICT 기술을 결합한 스마트그리드 사업에도 적극 투자를 하고 있다. 지난 2009년 제주실증단지 사업에 참여한 KT는 2011년 06월에 '스마트플레이스'부분에서 1위를 차지하였으며, 현재 KT 제주실증단지 사업을 기점으로 하여 K-MEG (Korea Micro Energy Grid) 국책과제를 진행 하고 있다. 또한 KT는 지난 '12년 09월에 행복시의 스마트그린시티 개발사업을 위하여 행복청과 MOU를 체결하여, 시범사업으로 행복시 첫마을 공공 4개 건물 대상으로 에너지 절감 R&D 사업을 진행하고 있다. KT는 세종시 뿐만 아니라, 구로디지털단지, 코엑스와 같이 실질적인 에너지 절감을 위하여 국내실증단지를 확보하였으며 핀란드의 VTT 연구소, 샌프라시스코 CITRIS 그리고 뉴욕주립대학교 부속 병원 해외실증단지를 통하여 수출 사업기반을 확보하고 있다.

KT 스마트그린기술담당 마이크로사업팀 조직도

회 사 명	주식회사 케이티	대 표 자	이 석 채
설립년월	1981년 12월 10일	자 본 금	1조 5,645억원
총 자 산	24조 1,010억원	매 출 액	20조 2,335억원
임직원수	31,155명		
본사위치	경기도 성남시 분당구 불정로 90(정자동 206번지)		

02 참샘초등학교를 열어가는 사람들

첫마을 첫 학교 참샘초등학교[33](교장 이혜주, www.charmsaem.es.kr)는 2012년 3월 1일 개교하였다. 개교하기에 앞서 모든 선생님들이 한 달 이상의 스마트학교 연수를 통하여 학생들과 선생님이 흥미로운 학습을 진행할 수 있었다. 개교를 하고 난 후 많은 사람들의 견학에 모든 선생님들이 몸살을 앓을 정도로 힘든 나날이 계속되었으나 선생님들의 열정과 관심으로 교육의 3요소, 즉 학생, 교원, 시설이 하나되는 한국 최고의 학교로서 자리매김하는 데 손색이 없었다.

---

33) 이혜주 교장, 「참샘초등학교」자료 제공

참샘초등학교를
열어가는 사람들 (2012.3)

성명: 이혜주
직책: 교장
주요업무: 학교 운영 관리

성명: 정미자
직책: 교감
주요업무: 기획관리, 교원, 인사, 장학, 복무, 포상

성명: 이선희
직책: 부장
학년 반: 체육교담
주요업무: 교무업무 일반

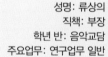

성명: 류상의
직책: 부장
학년 반: 음악교담
주요업무: 연구업무 일반

성명: 정미정
직책: 부장
학년 반: 6-가온
주요업무: 공개수업

성명: 이경희
직책: 부장
학년 반: 1-두레
주요업무: 방과후학교

성명: 윤지영
직책: 부장
학년 반: 영어교담
주요업무: 영어교육

성명: 최미연
직책: 부장
학년 반: 3-두레
주요업무: 체육교육

성명: 조찬우
직책: 부장
학년 반: 6-라온
주요업무: 정보 기획

성명: 유소연
직책: 부장
학년 반: 6-두레
주요업무: 홍보

성명: 최경희
직책: 부장
학년 반:2-두레
주요업무: 윤리 생활 업무

성명: 신동님
직책: 부장
학년 반: 5-두레
주요업무: 과학교육 총괄

성명: 신경혜
직책: 교사
학년 반: 1-가온
주요업무: 학부모회

성명: 김경숙
직책: 교사
학년 반: 1-라온
주요업무: 방송

성명: 김유정
직책: 교사
학년 반: 1-여울
주요업무: 생활기록부

성명: 하범수
직책: 교사
학년 반: 1-보람
주요업무: 돌봄 교실

성명: 남정아
직책: 교사
학년 반:2-가온
주요업무: 학교 특색 사업

성명: 최정아
직책: 교사
학년 반: 2-라온
주요업무: 학적

성명: 허향둘
직책: 교사
학년 반: 2-여울
주요업무: 봉사활동

성명: 하재순
직책: 교사
학년 반: 2-보람
주요업무: 토요프로그램

성명: 최정수
직책: 교사
학년 반: 3-가온
주요업무: 청소년 단체

성명: 주경희
직책: 교사
학년 반: 3-라온
주요업무: 환경 교육

성명: 김은아
직책: 교사
학년 반: 3-여울
주요업무: 문예 및 독서교육

성명: 정광민
직책: 교사
학년 반: 3-보람
주요업무: 사이버 가정학습

성명: 김은영
직책: 교사
학년 반: 4-두레
주요업무: 교직원 동아리

성명: 윤영란
직책: 교사
학년 반: 4-가온
주요업무: 학교 홈페이지

성명: 정우영
직책: 교사
학년 반: 4-라온
주요업무: 학교폭력

성명: 한선미
직책: 교사
학년 반: 4-여울
주요업무: 국내ㆍ외 교류

성명: 함은영
직책: 교사
학년 반:4-보람
주요업무: 도서관

성명: 박은식
직책: 교사
학년 반: 5-가온
주요업무: 학교신문

성명: 원순아
직책: 교사
학년 반: 5-라온
주요업무: 바른 품성

성명: 김지혜
직책: 교사
학년 반: 5-여울
주요업무: 학력

성명: 김학서
직책: 교사
학년 반: 5-보람
주요업무: 자치활동

성명: 용숙희
직책: 교사
학년 반: 6-여울
주요업무: 평가

성명: 한상진
직책: 교사
학년 반: 6-보람
주요업무: 체험학습

성명: 김명선
직책: 교사
학년 반: 영양
주요업무: 급식

성명: 이양희
직책: 교사
학년 반: 보건
주요업무: 보건

성명: 이철호
직책: 교사
학년 반: 과학교담
주요업무: 과학업무

성명: 기지영
직책: 교사
학년 반: 음악교담
주요업무: 학습준비물

성명: 김영태
직책: 스포츠강사
학년 반: 체육
주요업무: 6학년 체육

성명: 박현자
직책: 행정실장
주요업무: 행정실 업무 총괄

성명: 송인경
직책: 행정계장
주요업무: 지출 업무

성명: 오창영
직책: 행정주무관
주요업무: 수입 업무

성명: 정소영
직책: 행정실무원
주요업무: 행정업무협조

성명: 김미숙
직책: 교무실무원
주요업무: 교무업무협조

성명: 김나현
직책: 전산 · 홍보
주요업무: 전산 · 홍보

참고문헌

가트너, 2013년 10대 전략기술, 2012.10

계보경 외, 미래학교 디자인 가이드북(Future School Design Book), 한국교육
  학술정보원, 2012

계보경 외, 미래학교 체제 도입을 위한 Future Schoool 2030 연구, 한국교육
  학술정보원. 2010

교육과학기술부, 스마트교육추진전략 실행계획 오픈 정책설명회 자료, 2011.9

국가정보화전략위원회&교육과학기술부, 스마트교육 추진전략발표 자료, 2011.6

김영애 외, 21세기 학습자 및 교수자 역량 모델링, 한국교육학술정보원, 2011.11

김영애 외, 교실 중심의 21세기 교수−학습활동, 한국교육학술정보원, 2011.11

김영애 외, 통합적 경험을 위한 프로젝트 활동, 한국교육학술정보원, 2011.11

대한주택공사, 행정중심복합도시 첫마을사업 추진 백서, 아이팩토리, 2007. 4

범건축종합건축사사무소, 미래 초등학교 기본 설계 자료, 2011. 7

아뜰리에 리옹 서울, 미래 초등학교 기본설계 자료, 2011. 7

종합건축사사무소 건원&DA그룹, 첫마을 국제설계공모 당선작 자료, 2006. 9

(주)인클라우드, 2013 Smart Class Proposal, 2013.02

(주)인클라우드, 스마트 학습관리 플랫폼(incloud+School) 제안서, 2013.2

(주)하나유에스아이, 스마트스쿨 통합솔루션, 20011. 12

참샘초등학교, 내부자료, 2012

한국교육개발원, 미래형 선진교육 인프라 구축방안, 2006. 9

한국교육학술정보원, 교육정보화백서, 2011

한국마이크로소프트, 2012년 IT 트랜드 전망, 2012.1

한국토지주택공사, 행복도시 세종공공시설물 디자인 사전, 2011. 10

한국 IDC(International Data Corporation), Top 10 Predictions 2013, 2012.12

행복청, 교육관련 자료, 2006-2012

행복청, 세종시 우수교육환경조성방안 연구, 2011. 11

행복청, 행복도시 미래형 선진학교 모델 개발 및 '09년 착수 9개교 RFP 수립 연구용역,
 2009. 12

행복청&한국토지공사, 행정중심복합도시 중심행정타운 마스터플랜 국제공모전,
 건축세계주식회사, 2007.6

행복청&KERIS, 미리가본 미래학교 정책설명회 자료, 2011. 7

행복청&KERIS, 세종시 미래학교설립을 위한 업무체결 협약 자료, 2010. 11

DIVANI, 참샘초등학교 가구디자인 자료, 2011.12

DMP건축사사무소, 첫마을 복합커뮤니티 기본설계 자료, 2010.4

i-KAIST, School Box(ver1.0), 2011. 12

KT, 세종시 첫마을 스마트 그리드 자료, 2013. 1

L&K DESIGN, 참샘초등학교 인테리어 자료, 2011. 12

LH, International Master Plan Competition for FIRST TOWN of Multi-functional
 Administrative, Korea, 2006. 11

참고사이트

미래학교 가상체험관: http://future.keris.or.kr

범건축종합건축사사무소: http://www.baum.co.kr

아뜰리에 리옹 서울: http://www.lionseoul.com

(주)가인정보기술: http://www.gainit.co.kr

(주)아남정보기술: http://www.anamit.com

(주)아이티센시스템즈: http://www.itcensys.co.kr

(주)엠에스코리아: http://www.mskorea21.com

(주)유진로봇: http://www.yujinrobot.com

(주)이아이솔루션: http://www.eisoluction.co.kr

(주)인클라우드: http://www.incloud.kr

(주)정광 피 에스 아이: http://www.promade21.co.kr

(주)콘텐츠디자인랩: http://www.ulsudio.co.kr

(주)케이티:http://www.kt.com

(주)포스비브테크: http://www.phose.co.kr

(주)하나유에스아이: http://www.hanausi.com

(주)하이트론시스템즈: http://www.hitron.co.kr

(주)한국마이크로소프트: http://www.microsoft.com/kr

(주)i-KAIST: http://www.i-kaist.com

(주)LG CNS: http://www.lgcns.com

참샘유치원: http://www.chamsem.kg.kr

참샘초등학교: http://www.charmsaem.es.kr

첫마을 학교 스마트스쿨 통합 시스템: http://portal.sje.go.kr

한솔고등학교: http://www.sjhansol.hs.kr

한솔유치원: http://www.sjhansol.kg.kr

한솔중학교: http://www.sjhansol.ms.kr

행복청: http://macc.go.kr

DIVANI: http://divani.co.kr

DMP건축사사무소: http://www.dmppartners.com

KERIS: http://keris.or.kr

L&K DESIGN: http://lnkdesign.co.kr

LG엔시스(주): http://www.lgnsys.com

손윤선 교육학 박사

교육부 및 행정중심복합도시건설청 근무
몽골 교육문화과학부 정책자문관
몽골 국립과학기술대학교 명예박사 및 자문관
몽골 지질과 광업(2010) 공동저술
옥조근정훈장 및 몽골 북극성훈장

미래를 꿈꾸는
스마트학교 디자인 북

2013년 10월 18일 | 1판 1쇄 인쇄
2013년 10월 22일 | 1판 1쇄 발행

지은이 | 손윤선
발행인 | 김은중
발행처 | 서울경제경영출판사
편집디자인 | (주)우일미디어디지텍

주 소 | 120-808 서울특별시 서대문구 대현동 67-5 대현빌딩 6층
전 화 | 02)313-2682
팩 스 | 02)313-8860
등 록 | 1998년 1월 22일 제5-63호

ISBN 978-89-97937-13-4 93370   정가 25,000원